Werner Laubi

Albert Schweitzer, der Urwalddoktor

Illustrationen
von Volker Theinhardt

b&k

Die Reihe „Wolkenfenster“ wird herausgegeben von Heidi Kaiser

CIP-Kurztitelaufnahme der Deutschen Bibliothek

Laubi, Werner:
Albert Schweitzer, der Urwalddoktor / Werner Laubi.
— 1. Aufl. — Zürich; Köln: Benziger; Lahr: Kaufmann, 1984.
(Wolkenfenster)
ISB N 3-545-28023-3 (Benziger)
ISB N 3-7806-0819-7 (Kaufmann)

b&k
Verlagsgemeinschaft der Verlage Benziger, Zürich und Köln
Ernst Kaufmann, Lahr

1. Auflage 1984

Hergestellt im Druckhaus Ernst Kaufmann, Lahr
Umschlaggestaltung: Atelier Blumenstein + Plancherel, Zürich,
unter Verwendung einer Illustration von Volker Theinhardt
ISB N 3-545-28023-3 (Benziger)
ISB N 3-7806-0819-7 (Kaufmann)

Das

Erste Kapitel

erzählt von Haaren, Hörnern und dem Teufel, der am Sonntagmorgen in die Kirche schaut. Und wem in der Erzählung manches altmodisch und fremd vorkommt, der soll bedenken, daß Albert am 14. Januar 1875 geboren wurde.

So aufregend wie der Sonntagmorgen war für Albert kein anderer Tag in der Woche. Auch heute war das nicht anders.

Albert saß auf einem Stuhl mitten im Zimmer. Hinter ihm stand die Magd. Sie tauchte eine Bürste in das Wasserbecken, das auf der Kommode stand. Dann bearbeitete sie Alberts Haare.

Da klangen durchs offene Fenster die Glocken der Kirche von Günsbach.

„Heute seh ich den Teufel wieder!“ durchfuhr es Albert. „Im Gottesdienst in der Kirche. Oben an der Orgel streckt er jeden Sonntag seinen Kopf in das Fenster!“

Albert ließ vor Aufregung seine Beine hin- und herbaumeln.

„Willst du wohl endlich stillhalten!“ schalt die Magd. „Seit einer Viertelstunde versuche ich, dein Haar zu kämmen. Aber deine Borsten sind nicht zu zähmen! Deine Haare sind so unordentlich, weil du es auch bist. Und aus einem unordentlichen Kind wird nie etwas Rechtes. Ach, was hat man doch für ein Kreuz mit dem Albert Schweitzer! Noch nicht einmal zur Schule geht er und macht einem schon so viel Sorgen. Schäm dich!“

Erschrocken hielt Albert die Beine still. Schon wieder mußte er sich schämen! Dabei hatte er sich doch erst vor ein paar Tagen ganz entsetzlich geschämt. Und das war so gewesen:

Er war im Hof vor dem Haus auf einem Schemel gesessen. Sein Vater hatte an den Bienenstöcken, die im Garten standen, hantiert. Da war ein Tierchen auf Alberts Hand geflogen. Hübsch hatte es ausgesehen mit seinen schillernden Flügeln, und mit den Beinchen hatte es ihn auf der Haut gekitzelt. Er hatte die Biene streicheln wollen. Da hatte sie ihn gestochen. Wie das gebrannt und geschmerzt hatte! Albert hatte aus Leibeskräften geschrien. Erschrocken waren seine Mutter, seine ältere Schwester Luise und die Magd aus dem Haus gerannt. Albert hatte ihnen seine geschwollene Hand entgegengestreckt.

„Du armer, armer Albert!" hatte die Magd gerufen. Sie hatte ihn auf die Arme genommen und ihn geküßt.

Die Mutter aber war zum Vater geeilt. „Kannst du den Kleinen nicht ins Haus schicken, wenn du an den Bienenstöcken arbeitest?" hatte sie vorwurfsvoll gesagt.

Albert hatte es wunderbar gefunden, daß ihn alle bemitleideten. Darum weinte er lauthals weiter. Er weinte auch noch, als ihm der Stich schon lange nicht mehr weh tat.

„Du willst dich nur wichtig machen, Albert!" sagte eine Stimme in ihm. Da hatte sich Albert ganz fest vor sich selber geschämt.

Und jetzt schämte er sich wegen seiner Haare. Ganz gewiß hatte die Magd recht: Er machte den Erwachsenen viel Sorgen.

Die Magd strich ihm noch etwas Pomade aufs Haar. Jetzt duftete es im Zimmer wie beim Coiffeur. Alberts Haar glänzte, aber gebändigt war es noch nicht.

„Es nützt nichts", seufzte sie. „Das Zeichenläuten ist beinahe zu Ende. In einer halben Stunde fängt der Gottesdienst an. Ich zieh mich jetzt um. Wart im Gang unten auf mich, Albert. Und stell nichts an!"

Albert verließ das Zimmer. Im oberen Stock hörte er die Mutter mit seiner älteren Schwester Luise und den beiden jüngeren, Adele und Marguerite, reden. Albert ging die Holztreppe des Pfarrhauses hinunter. Er kam am Studierzimmer des Vaters vorbei. Er wußte, daß sein Vater dort drin über die Predigt nachdachte. Auf den Regalen an den Wänden standen viele Bücher. Eines davon fand Albert besonders schön: Die Bilderbibel. Ein Bild darin stellte den Mose dar, als er vom Berg Sinai herunterkam. In der Hand hielt er die Tafeln mit den Zehn Geboten. Und an der Stirn hatte er zwei Hörner. Als Albert das Bild zum ersten Mal gesehen hatte, war er sich mit der Hand über die Stirn gefahren. Da hatte er gespürt, daß er zwei Höcker hatte. Seither fürchtete er, daß auch ihm Hörner wachsen würden. Er hatte mit niemandem über seine Sorge gesprochen. Nur mit der Magd, und da hatte sie laut gelacht. Ob sie es weitererzählt hatte? Denn noch jemand wußte sein Geheimnis. Und in ein paar Augenblicken würde dieser Jemand, wie jeden Sonntag, unter der Haustür stehen und Albert von neuem erschrecken.

Der Sakristan* und Totengräber Jägle ließ das Glockenseil los und ächzte. Am Sonntag gab es besonders viel zu tun. Um halb neun Uhr mußte er zum ersten Mal an den Glockenseilen der Kirche Günsbach ziehen. Das war das „Zeichenläuten" für die Katholiken. Ihr Gottesdienst begann um neun Uhr, und da mußte der Sakristan Jägle zum zweiten Mal läuten. Um zehn Uhr kam dann das „Zeichenläuten" für die Reformierten, und wieder eine halbe Stunde später mußte er ihren Gottesdienst

* Der Sakristan wird anderswo auch Kirchendiener, Küster, Sigrist, Mesner oder Mesmer genannt.

einläuten. Dazu kamen noch die Gottesdienste an den Sonntagnachmittagen. Seit vielen, vielen Jahren hatten die Katholiken und die Reformierten von Günsbach ihre Gottesdienste in der gleichen Kirche gefeiert. Und nie hatten sie Streit miteinander bekommen.

Jetzt war der letzte Glockenton des reformierten „Zeichenläutens" verklungen. Der Sakristan Jägle wischte sich mit seinem sauberen Taschentuch die Schweißtropfen von der Stirn. „Bist auch nicht mehr der Jüngste", sagte er zu sich selber. „Aber jetzt: Haltung annehmen, wenn du zum Pfarrer Schweitzer gehst. Du bist ja ein alter Soldat!"

Jägle marschierte von der Kirche durch das Dorf zum Pfarrhaus. Vor der Tür lag der Hund Phylax in der Sonne. Als der Totengräber kam, stand er auf und wedelte mit dem Schwanz. Sonst ließ er keinen an die Tür, ohne zu bellen oder die Zähne zu fletschen. Aber den Sakristan kannte er.

Hinter der Haustür wartete Albert. Er hörte, wie der Sakristan sich dem Haus näherte. Jetzt stand er vor der Tür. Jetzt putzte er sich die Schuhe ab. Jetzt zog er an der Hausglocke. Und wie jeden Sonntag, wollte Albert auch diesmal davonrennen und sich irgendwo verstecken. Aber er konnte nicht anders: Er mußte die Haustür öffnen. Ernst schaute der Sakristan Albert an. Dann fuhr er ihm mit seinen harten Fingern über die Stirn, nickte mit dem Kopf und sagte: „Die Hörner wachsen!"

Dann ging er an Albert vorbei, klopfte an die Tür des Studierzimmers und holte beim Pfarrer das Taufgeschirr und die Nummern der Lieder, die im Gottesdienst zu singen waren. Jetzt verließ er das Haus und ging in die Kirche, um den Gottesdienst einzuläuten.

Albert aber stand im Gang und stellte sich vor, wie schrecklich es sein würde, wenn er als einziger Bub in Günsbach mit Hörnern durchs Dorf ging.

Da kam die Magd mit Luise die Treppe hinunter. „Allez!“* sagte sie. „Es ist höchste Zeit für den Gottesdienst.“ Sie streifte sich die groben Zwirnhandschuhe über und nahm Albert bei der Hand.

Als sie ins Freie traten, mußte Albert für einen Moment die Augen schließen, so hell schien die Sonne ins Münstertal. Der Kies auf dem Gartenweg knirschte. Es roch nach Erde und Blumen.

Die Magd ging mit den Kindern die Gasse hinunter und dann die Hauptstraße entlang.

Die Kirche war schon ordentlich mit Leuten gefüllt, als sie eintraten. Auf den Bänken der einen Seite saßen die Bauern und Handwerker des Dorfes, auf den Bänken der andern Seite ihre Frauen. Die Männer trugen lange Röcke und halblange Hosen, die unter den Knien zusammengeschnürt waren. Die Frauen hatten lange schwarze Kleider an, und auf dem Kopf trugen sie dunkle Hauben.

Albert, Luise und die Magd gingen an ihren Platz vorn in der Kirche unter der Kanzel. Von hier aus konnte man besonders gut zur Orgel sehen. Albert starrte wie gebannt hinauf. Jetzt fing Vater Iltis, der Organist, an zu spielen, und im gleichen Augenblick schaute auch schon das zottige Gesicht des Teufels durch das glänzende Fenster in die Kirche hinunter.

Da kam Alberts Vater in die Kirche. Er hatte einen großen schwarzen Bart, und auch der Talar, der lange Amtsrock, war schwarz. Der Vater ging zum Altar. Die Orgel verstummte. Und im gleichen Moment verschwand auch das Gesicht des Teufels. Erst als die Orgel wieder spielte und die Gemeinde den Choral sang, getraute er sich wieder hereinzuschauen. Albert sang das Lied mit. Er kannte es. Er sang es so laut, daß ihm die

---

* Allez: ausgesprochen „alleh“, kommt aus der französischen Sprache und meint „los geht's“.

Magd die Hand auf den Mund legte. Albert spürte die rauhen Zwirnhandschuhe auf den Lippen und dämpfte seine Stimme.

Während der Predigt blieb der Teufel unsichtbar.

„Das ist so“, dachte Albert. „Wenn mein Vater von Gott redet, darf der Teufel nicht hereinschauen.“

Albert verstand vieles nicht von dem, was sein Vater predigte. Aber er wußte, daß er von Gott, von Jesus und vom Himmel erzählte. Und im Himmel war es gewiß genau so herrlich wie in der Kirche. Dort vorne, im Chor, stand der goldfarbige Altar der Katholiken. Mächtige Blumensträuße waren drauf. Und das wunderbarste war: Man brauchte diesen Blumen kein Wasser zu geben. Nie verloren sie ihre Blätter und Blüten. Nur abstauben mußte man sie. Neben dem Altar steckten prächtige Kerzen in großen Leuchtern, und von der Wand schauten zwei goldfarbene Figuren in die Kirche herunter. „Das sind gewiß der Josef und die Jungfrau Maria“, dachte Albert, und dann sah er durch die Chorfenster hinaus auf die Bäume und die Rebberge von Günsbach. Über den Hügeln breitete sich der blaue Himmel aus. Wolken zogen vorüber. Sonnenstrahlen fielen schräg durch die Fenster auf den Boden der Kirche.

Vergessen war der Teufel, vergessen die Hörner des Mose. Still und erfüllt vom Frieden des Sonntags saß Albert da, und wenn er ab und zu laut gähnte, legte ihm die Magd schnell wieder die Hand mit den Zwirnhandschuhen auf den Mund.

Jetzt war der Gottesdienst zu Ende. Albert zog die Magd heimzu. Er stürmte zur Mutter, die am Morgen die beiden kleinen Schwestern Alberts besorgt hatte.

Einige Zeit später fragte Albert dann seinen Vater, wie das mit den Hörnern des Mose genau gewesen sei.

„Eigentlich waren es keine rechten Hörner“, gab Pfarrer Schweitzer zur Antwort, „sondern Strahlen. Als Mose vom

Berg Sinai heruntergekommen ist, da hat sein Gesicht gestrahlt, weil Gott mit ihm geredet hatte. Es hat ausgesehen wie die Sonnenstrahlen, wenn sie durch die Kirchenfenster fallen. Später haben dann die Maler diese Strahlen als Hörner gezeichnet. Aber der Mose ist der einzige Mensch gewesen, der das gehabt hat."

Albert atmete auf. Er hatte also nichts zu fürchten wegen der Höcker auf der Stirn. Ob er den Vater auch noch wegen des Teufels in der Kirche fragen sollte? Aber da wollte er lieber noch warten. „Wer weiß", dachte er. „Vielleicht darf ich eines Tages zur Orgel hinaufgehen."

Im

ZWEITEN KAPITEL

ist von Albert, dem Tierbändiger, von Geschwindläufern, von einem Apostel, der struppiges Haar hatte, und von einem steinernen Neger die Rede.

Phylax hatte eine Abneigung gegen Uniformen. Vor kurzem hatte er einem Polizisten das Hosenbein zerfetzt. Und jedesmal, wenn der Briefträger kam, knurrte und bellte er und fletschte die Zähne.

„Von morgen an bist du verantwortlich, daß Phylax dem Briefträger nichts tut!" sagte der Vater zu Albert. Albert war stolz auf sein neues Amt. Er ging zum Dorfbach und schnitt sich eine Gerte vom Weidenstrauch.

Als am andern Morgen der Briefträger kam, schoß Phylax hinter dem Haus hervor. Aber Albert stellte sich ihm in den Weg. Mit der Gerte trieb er den Hund in eine Ecke des Gartens.

„Sitz!" befahl er. Phylax wollte nicht gehorchen. Knurrend verfolgte er mit seinen Augen den Briefträger. Da schlug Albert mit der Gerte zu. Phylax setzte sich winselnd. Albert kam sich großartig vor. „Ich bin ein Tierbändiger", dachte er. „Phylax muß mir gehorchen!" Als der Briefträger aus dem Haus kam und das Tier aufsprang, schlug ihm Albert noch einmal aufs Fell. Der Hund jaulte. Mit seinen großen Augen schaute er Albert an.

Da kam Luise aus dem Haus. Sie hatte die Schiefertafel unter

dem Arm. Sie ging zur Schule. „Im Herbst, wenn die Bäume farbige Blätter bekommen, mußt du auch zur Schule“, rief sie Albert zu. „Dann sitzt du da wie Phylax, und die Lehrerin hat eine Gerte!“ Luise hüpfte durch den Garten. Auf der Straße warteten ihre Schulkameradinnen.

Albert setzte sich auf die Treppe vor dem Haus. Phylax legte sich neben ihn. Albert fuhr mit der Hand über sein Fell. „Ich hätte dich nicht zu schlagen brauchen“, sagte er. „Ich hätte dich ganz einfach am Halsband halten und dir gut zureden können.“

Der Hund wedelte mit dem Schwanz. Albert umarmte ihn und warf die Gerte weg. Bellend schoß Phylax ihr nach und brachte sie Albert im Maul zurück.

Die beiden trotteten durchs Dorf. Zwei Männer kamen ihnen auf der Straße entgegen. Der eine zerrte an einem Strick ein Pferd hinter sich her. Der andere schlug mit einem Stecken auf das Tier ein. Das Pferd war alt. Es hinkte.

„Wohin geht ihr mit dem Pferd?“ fragte Albert die Männer.

Der mit dem Stock lachte. „Nach Colmar ins Schlachthaus!“ sagte er.

Erschrocken schaute Albert dem Tier und den Männern nach, wie sie auf der staubigen Dorfstraße weitergingen. Dann stieg er mit Phylax zum Kranzrain hinauf. Das war sein Lieblingsplatz. Von hier aus konnte man das Dorf und das Münstertal überschauen. Gegenüber lag der dunkle Schloßwald, und auf dem Berg stand eine Burg. Durch das Tal floß die Fecht.

Albert setzte sich auf einen der großen Steine. Er war traurig. Immer sah er das hinkende Pferd vor sich. So lang hatte es treu den Pflug und den Wagen gezogen. Und jetzt schlugen es die Männer und zerrten es ins Schlachthaus!

Im Tal stieg eine Rauchwolke auf. Ein Pfiff ertönte. Albert

sprang auf. „Die Eisenbahn kommt!“ rief er aufgeregt Phylax zu. Phylax bellte.

„Du mußt keine Angst haben“, sagte Albert. „Ich bin schon viele Male mit der Eisenbahn durchs Münstertal gefahren, und meine Mutter hat mir versprochen, daß ich sie bald wieder nach Colmar begleiten darf. Dort gibt es noch eine andere Eisenbahn. Auf der bin ich noch nie gewesen. Mein Vater hat mir erzählt, daß sie bis nach Straßburg fährt. Weißt du, Phylax: Straßburg ist eine ganz große Stadt. Der Rhein fließt dort vorbei. Und wenn man den Rhein hinunterfährt, kommt man ans Meer. Auf dem Meer schwimmen mächtige Schiffe. Sie sind größer als unsere Kirche. Und wenn ich ein Mann bin, gehe ich aufs Meer und werde Matrose. Dann fahr ich um die ganze Welt.“

Der Eisenbahnzug näherte sich Günsbach. Die Lokomotive keuchte. Albert träumte mit offenen Augen von seiner Weltreise. Phylax bellte.

„Du mußt nicht traurig sein, daß ich fortgehe“, sagte Albert. „Mein Vater hat gesagt, daß es jetzt Fernsprecher gibt. Da kann man hineinreden, und weit weg hört es der, mit dem man spricht. Wenn ich Matrose bin, ruf ich jeden Tag zu Hause an und red mit dir.“

Der Zug war in die kleine Station von Günsbach eingefahren. Ein paar Reisende, die von Colmar kamen, stiegen aus den Wagen. Dann pfiff die Lokomotive; und fauchend und zischend fuhr der Zug weiter.

„Vielleicht werde ich doch lieber Geschwindläufer statt Matrose“, überlegte Albert weiter. „Das sind Männer, die auf hohen Rädern so schnell durch die Gegend fahren, daß die Pferde scheu werden. Der Fuhrmann Brauner hat es selber erlebt.“

Sie saßen noch eine Weile in der Sonne. Dann gingen sie miteinander nach Hause.

Beim Mittagessen war die ganze Familie um den Tisch versammelt. Der Vater mit dem dunklen Bart, die Mutter, Luise, Albert, Adele und Marguerite. Adele und Marguerite stritten miteinander wegen einer Puppe. „Nicht streiten, kleine Mädchen", sagte der Vater und drohte mit dem Finger. „Faltet die Hände! Albert, sag das Tischgebet!"

Albert faltete die Hände über der Stirn, wie es der Vater tat. Er betete: „Danket dem Herrn, denn er ist freundlich, und seine Güte währet ewiglich. Amen."

Am Nachmittag durfte Albert auf dem alten Klavier spielen, das noch seinem Großvater gehört hatte. Der Vater lehrte ihn die Noten lesen. Aber Albert spielte lieber aus dem Gedächtnis. Zu den Kirchenliedern, die er kannte, erfand er Begleitmelodien. So konnte er stundenlang am Klavier sitzen, vor sich herträumen und alles, was ihm gerade einfiel, spielen.

Schnell verging der Tag. In der Dämmerung wusch sich Albert unter den gestrengen Blicken der Magd, die neben dem Waschbecken stand. Als er dann im Bett lag, kam die Mutter mit der Petroleumlampe in der Hand ins Zimmer. Sie stellte das Licht auf den Tisch und setzte sich neben Albert aufs Bett. Miteinander beteten sie: „Lieber Gott, schütze und behüte in dieser Nacht alle Menschen, die kleinen und die großen. Amen."

Die Mutter strich Albert über den widerspenstigen Haarschopf und gab ihm einen Kuß. „Schlaf gut, Albert", sagte sie. Sie nahm die Lampe und ging aus dem Zimmer.

Albert verschränkte die Hände unter dem Kopf. Er dachte an alles, was er heute erlebt hatte. Das hinkende Pferd, das die Männer ins Schlachthaus gebracht hatten, war jetzt schon im Himmel und mußte nicht mehr leiden. Aber all die anderen Tiere, die alt und krank waren und auf die in der Nacht so viele

Gefahren lauerten! „Warum bete ich denn nur für die Menschen und nicht auch für die Tiere?“ dachte Albert.

Er zog die Arme unter dem Kopf hervor, faltete die Hände über der Stirn und sagte: „Lieber Gott, schütze und segne alles, was Atem hat! Bewahre es vor allem Übel und laß es ruhig schlafen! Amen.“

Ein paar Tage später durfte Albert mit der Mutter nach Colmar fahren. Wie jedesmal, wenn sie in die Stadt kamen, waren sie bei Verwandten zum Mittagessen eingeladen. Nachher besuchten alle miteinander das Museum. Dort waren Bilder von Malern ausgestellt, die früher gelebt hatten. Sie gingen durch die Räume. Die Erwachsenen erklärten die Bilder. Aber Albert hörte nicht zu. Heimlich schlich er davon. In einem dunklen Winkel stand ein Gemälde. Das zog Albert an wie ein Magnet. Es stellte die Kreuzigung Jesu dar. Der Maler Matthias Grünewald hatte es vor langer Zeit als Altarbild gemalt. Der Querbalken des Kreuzes, an dem Jesu Hände angenagelt waren, bog sich unter dem Gewicht des sterbenden Körpers. Der Kopf war auf die Brust gesunken. Den Himmel bedeckten dunkle Wolken. Rechts neben dem Kreuz stand Johannes der Täufer. Links kniete die verzweifelte Maria Magdalena. Und neben ihr hielt der Apostel Johannes die Mutter Jesu im Arm und tröstete sie.

Am meisten von all dem beschäftigten Albert die Haare des Johannes. Sie waren wild und borstig. Genau so wie seine eigenen Haare. Darum empfand Albert mit dem Johannes Mitleid. „Bestimmt hat er als Bub genau so leiden müssen wie ich“, dachte er. „Bestimmt hat auch ihm die Magd die Haare mit Pomade bändigen wollen. Bestimmt hat auch sie zu ihm gesagt: Deine Haare sind so unordentlich, weil du es auch bist! Und ein unordentlicher Mensch wird nie etwas Rechtes! Aber der Johannes ist trotz seiner struppigen Haare ein Apostel geworden.

Es ist also nicht wahr, was die Erwachsenen wegen der Haare sagen!"

Ganz versunken stand Albert vor dem Bild. Sein Herz wurde leicht. Wie gut es war, einen Menschen zu kennen, der die gleichen Sorgen gehabt hatte.

„Albert!"

Die Mutter eilte durch die Räume. Sie wußte, wo sie Albert suchen mußte. Sie zerrte ihn vom Bild fort. „Ich muß noch einkaufen gehen, bevor der Zug fährt", sagte sie.

Das Einkaufen langweilte Albert. Neben dem Johannes mit den struppigen Haaren gab es noch etwas anderes in Colmar, das er sich jedesmal anschauen wollte. Immer wieder fragte er die Mutter voller Ungeduld: „Darf ich mir noch den Neger ansehen?"

„Wenn die Zeit reicht", sagte die Mutter.

Endlich hatte sie alles eingekauft. Bevor sie zum Bahnhof kamen, mußten sie einen großen Park durchqueren, das Marsfeld. Dort stand ein Denkmal. In der Mitte war ein aus Stein gemeißelter Mann.

„Das ist der Admiral Bruat", sagte die Mutter. „Er ist ein großer französischer Seeheld gewesen. Er hat mit der französischen Flotte alle Weltmeere befahren."

„Aber der Sakristan Jägle hat gesagt, daß wir im Elsaß nicht mehr zu den Franzosen gehören, sondern zu den Preußen."

„Gewiß", antwortete die Mutter. „Seit zehn Jahren gehören wir im Elsaß zu Deutschland. Aber das Denkmal ist trotzdem stehengeblieben. Frankreich und Deutschland leben miteinander in Frieden."

„Jetzt will ich den Neger anschauen", sagte Albert und zog die Mutter weiter. Am Fuß des Denkmals hatte der Bildhauer vier Figuren gemeißelt. Jede Figur stellte einen andern Erdteil dar: Europa, Asien, Amerika und Afrika. Afrika war als Neger abgebildet: ein Mann, der halb sitzend, halb liegend wehmütig in die Ferne schaute.

Regungslos stand Albert vor der Figur. Minuten vergingen. Dann stellte er die Fragen, die er immer wieder aussprach, wenn er vor dem Denkmal stand.

„Warum ist der Mann traurig?“

„Weil er Hilfe braucht“, sagte die Mutter.

„Warum braucht er Hilfe? Er ist doch stark!“

„Die Krankheit in seinem Land ist stärker“, sagte die Mutter. „Die Menschen dort leiden unter dem Aussatz, der ihnen die Finger und die Hände, die Zehen und die Füße zerfrißt. Sie leiden auch unter der Schlafkrankheit, die sie so müde macht, daß sie nicht mehr arbeiten können. Aber es gibt noch viele andere schreckliche Krankheiten.“

„Hilft niemand dem Neger?“ fragte Albert.

„Doch“, sagte die Mutter. „Jesus ruft immer wieder Menschen, die helfen. Es sind die Missionare.“

„Der Vater hat von ihnen in der Predigt erzählt“, sagte Albert.

„Ja. Aber jetzt müssen wir ganz schnell zum Bahnhof laufen. Es ist höchste Zeit. Wenn uns der Zug abfährt, müssen wir zu Fuß nach Günsbach gehen!“

Miteinander eilten sie zum Bahnhof.

Von der Schule, dem Juden Mausche, einem Ringkampf und dampfender Fleischsuppe erzählt das

DRITTE KAPITEL

Als es Herbst wurde und sich die Blätter an den Bäumen rot und gelb färbten, schob der Vater dem Albert eine Schiefertafel unter den Arm.

„Ich will nicht zur Schule!" schrie Albert.

„Alle Kinder müssen zur Schule!" antwortete der Vater. „Wer nicht zur Schule geht, lernt nichts. Wer nichts lernt, wird nichts."

„Ich will nichts lernen", sagte Albert und fing an zu weinen. „Ich will Matrose oder Geschwindläufer werden."

Der Vater schob Albert zur Tür hinaus. Miteinander gingen sie durchs Dorf. Viele Väter und Mütter begleiteten ihre Kinder zur Schule. Aber Albert sah sie nicht. Auf dem ganzen Weg weinte er.

Dann saß er in der Schulbank zwischen den Dorfbuben. Sie trugen geflickte Kittel und Hosen aus derbem Stoff. An den Füßen hatten sie Holzschuhe. Albert kannte fast alle. Ihre Väter waren Bauern und Handwerker. Dort vorne saß Fritz Schöppeler und hinter ihm Heinrich Bräsch. In der hintersten Reihe überragte der große und breitschultrige Georg Nitschelm alle seine Mitschüler.

Am zweiten Tag ging Albert allein zur Schule. Er sträubte sich nicht mehr. Aber er zeigte auch keine Begeisterung. Nur mit Mühe lernte er Lesen und Schreiben. Wie oft rief die Lehrerin durchs Klassenzimmer: „Albert! Paß auf! Albert! Nicht träumen!"

Um so spannender war der Schulweg. Da trieb ein Mann mit Sommersprossen und einem grauen Bart seinen Esel durch Günsbach. Der Esel zog einen Karren.

„Es ist der Mausche!" rief ein Bub aus der oberen Klasse. „Der Jude und Viehhändler aus dem Nachbarsdorf!" Da rannten alle Kinder hinter dem Karren her. Der Bub, der gerufen hatte, zog seine Jacke aus. Er knüpfte sie so zusammen, daß sie zwei Zipfel bekam, die wie Schweinsohren aussahen. Dann stülpte er sich die Jacke über den Kopf, schnitt Grimassen, machte Sprünge und rief: „Mausche! Mausche! Mausche!"

Die anderen Kinder lachten. Ein paar machten es ihm nach. Alle, auch Albert, riefen: „Mausche! Mausche!"

An den Häusern längs der Dorfstraße gingen die Fenster auf. Frauen und Männer schauten hinaus. Auch sie lachten.

Da wandte sich der Jude um. Die Horde stand still. „Gewiß wird er mit seinem Stock auf uns losgehen!" dachte Albert. Aber der Mann lächelte die Kinder gütig an. Dann gab er seinem Esel einen Klaps auf das Fell und schritt weiter. Die Kinder fingen wieder an zu johlen und folgten ihm.

Albert aber blieb zurück. Das Lächeln des Juden hatte ihn überwältigt. Daß ein Mensch, der verspottet und verfolgt wurde, schwieg und gütig blieb, machte ihm einen großen Eindruck.

Als Mausche das nächste Mal durchs Dorf kam, grüßte ihn Albert ehrerbietig. Später gab er ihm oft die Hand und begleitete ihn ein Stück auf seinem Weg.

Einige Zeit später.

Die Schule war aus. Die Schüler der unteren Klasse stürmten ins Freie, allen voran Georg Nitschelm. Georg war der größte der Klasse. Er galt auch als der Stärkste. Viele hatten schon mit ihm gekämpft, und alle hatte er bezwungen.

Auf dem Platz vor der Schule drehte sich Georg um. „Es sind ein paar in der Klasse, die noch nicht mit mir gerungen haben", sagte er. „Wer will es probieren?"

Keiner antwortete.

„Du, Hans?" fragte Georg.

Hans lächelte verlegen und drückte sich in die hintere Reihe. Hans war plump und ging jeder körperlichen Anstrengung und jedem Kampf aus dem Weg.

Georg verzog spöttisch die Lippen. Wie ein unbesiegbarer Held schaute er auf seine Klassenkameraden. Da sah er Albert. „Will das Herrenbüble nicht mit mir kämpfen?" fragte er.

Albert legte seine Schiefertafel und den Griffel auf den Boden. „Doch", sagte er. „Ich will mit dir kämpfen."

Ein Raunen ging durch die Klasse.

„Gib acht, daß du dir nicht deine schönen Hosen schmutzig machst!" sagte Georg zu Albert.

Albert wurde rot im Gesicht. Er zog seine Jacke aus. Die beiden Buben standen einander gegenüber. Georg Nitschelm spuckte sich in die Hände. Jetzt gingen sie aufeinander los und packten einander.

Die Mitschüler bildeten zwei Gruppen. „Hopp, Georg!" riefen die einen. „Hopp, Albert!" die anderen.

Georg versuchte, Albert mit seinen kräftigen Armen in die Knie zu zwingen. Aber Albert stand wie ein Fels auf dem Boden. Als Georg den Griff lockerte, schoß Albert blitzschnell nach vorn und hängte sich an Georgs Hals. Da verlor Georg das Gleichgewicht, und einen Augenblick später lag er am Boden.

Schon stemmte sich Albert auf ihn und drückte ihm die Schultern auf den Boden.

Die Klasse brüllte.

„Bravo, Albert!" rief Hans. „Dem hast du's gezeigt!"

Georgs Gesicht glänzte vom Schweiß. Er atmete schwer. Verbittert schaute er Albert an und zischte: „Wenn ich alle Wochen zweimal Fleischsuppe essen könnte wie du, wäre ich auch so stark!"

Erschrocken stand Albert auf. Seine Klassenkameraden wollten ihm die Hand schütteln. Aber Albert achtete nicht auf sie. Er hob seine Tafel auf und ging nach Hause.

Auf dem Mittagstisch dampfte eine Fleischsuppe. Die Mutter schöpfte. Der Vater sprach das Tischgebet. Alle aßen.

Nur Albert rührte die Suppe nicht an.

„Was ist los mit dir, Albert? Warum ißt du nicht?" fragte die Mutter.

„Ich... ich mag nicht", antwortete Albert.

„Ist dir nicht gut?"

„Nein. Ich mag einfach nicht."

Luise lachte. „Sonst ißt er immer wie ein Bürstenbinder, wenn es Fleischsuppe gibt", sagte sie. „Hast du etwa in der Schule Schläge bekommen?"

Albert schwieg und starrte in den Teller.

Der Vater schaute Albert streng an. „Die Suppe wird gegessen!" befahl er. „Es gibt viele Kinder auf der Welt, die dankbar wären, wenn sie einen Teller Fleischsuppe hätten."

„Laß ihn, Vater!" sagte die Mutter. Sie kannte Albert. Sie wußte, daß ihn etwas beschäftigte, von dem er nicht reden wollte.

„Geh in dein Zimmer, Albert, und leg dich hin", sagte sie.

Albert lag in den Kleidern auf dem Bett. Schon lange hatte er darunter gelitten, daß er für seine Kameraden etwas Besseres war: Der Sohn des Pfarrers, das Herrenbüble. Einer, der feinere Kleider anhatte als sie. Einer, der Klavier spielen durfte. Einer, der zweimal in der Woche Fleisch bekam, während die Bauern jeden Tag Kraut, Kartoffeln und Münsterkäse aßen. Nur an Festtagen oder wenn geschlachtet wurde, kamen Würste und Fleischsuppe auf den Tisch.

„Ich esse nie mehr Fleischsuppe!" gelobte sich Albert. „Und ich kleide mich nie mehr anders als die Dorfbuben."

Aber dieses Versprechen war gar nicht so einfach zu halten. An einem Sonntagmorgen im Spätherbst mußte Albert einen schweren Kampf ausfechten.

Der Sakristan Jägle läutete eben den Gottesdienst ein. Durch das Münstertal pfiff ein bissiger Wind und wirbelte vor dem Haus die dürren Blätter auf.

„Du kannst zum Kirchgang den neuen Wintermantel anziehen, Albert", sagte die Mutter.

Albert tat, als hätte er nichts gehört. Die Mutter holte den Mantel aus dem Schrank. Als sie ihn Albert umlegen wollte, stand der Bub bocksteif da.

„Ich zieh den Mantel nicht an", sagte er.

„Aber es ist doch ein schöner, warmer Mantel", erwiderte die Mutter. „Ich hab ihn eigens für dich aus einem alten Mantel deines Vaters beim Schneider machen lassen. Das hat viel Geld gekostet."

„Ich zieh den Mantel trotzdem nicht an", sagte Albert.

Jetzt wurde die Mutter zornig. „Du undankbarer Starrkopf, der du bist", rief sie. „Zieh den Mantel augenblicklich an!"

Aus den Mädchenzimmern kamen Alberts Geschwister. Luise, die Älteste, schüttelte den Kopf. Adele und Marguerite, die Jüngeren, schauten ihren bösen Bruder erschreckt an.

Da ging unten im Studierzimmer die Tür auf. Der Vater kam die Treppe hinauf. Sein Gesicht war bleich. „Nicht einmal vor der Predigt hat man Ruhe mit diesem Bengel“, wetterte er. „Allez, zieh sofort den Mantel an!“

Albert stampfte auf den Boden. Sein Gesicht war rot vor Erregung. „Ich zieh ihn nicht an“, brüllte er. „Keiner der Dorfbuben hat einen Mantel an.“

Da gab ihm der Vater eine schallende Ohrfeige. Albert standen die Tränen in den Augen. Aber er weinte nicht.

Ein paar Minuten später ging er mit Luise und der Magd durchs Dorf zur Kirche. Er hatte den Mantel nicht angezogen. Seine Wange brannte. Aber noch viel mehr brannte sein Herz. Von seinem Platz aus sah er den Vater in die Kirche kommen. Im schwarzen Talar sah sein Gesicht noch blasser aus als vorher. „Der Vater ist nicht gesund“, hatte die Mutter schon oft zu ihm und zu Adele gesagt. „Ihr dürft ihn nicht aufregen.“

Jetzt schämte sich Albert, daß er den Vater aufgeregt hatte. Er schämte sich auch, weil die Mutter für den Mantel so viel Geld ausgegeben hatte. Dabei mußte sie doch sparen, denn der Vater hatte nur einen kleinen Lohn.

Albert tat es weh, daß er seinen Willen dem Willen der Eltern entgegensetzen mußte. Und doch konnte er nicht anders. Wenn die Bauernbuben keinen Mantel hatten, dann wollte er auch keinen Mantel.

Im

VIERTEN KAPITEL

verlernt Albert die Angst vor dem Ausgelachtwerden, und das Rätsel um den Teufel in der Kirche wird gelöst.

Albert spannte die Gummischnur der Schleuder. Er kniff das linke Auge zusammen und zielte auf den Ball, den er auf die Bank vor dem Haus gelegt hatte.

Es war ein klarer Sonntagmorgen in der Zeit vor Ostern. Still lag das Dorf Günsbach unter einem blauen Frühjahrshimmel. Aus den Kaminen auf den Hausdächern stiegen feine Rauchsäulen auf. Die Frauen kochten auf den Küchenherden das Wasser für den Morgenkaffee und die Milch. Das gab gleich auch eine warme Küche und versprach einen gemütlichen Sonntagnachmittag. Denn trotz des schönen Wetters war es um diese Jahreszeit noch kühl. Die Bäume waren kahl, aber in den Gärten blühten schon Primeln und Krokusse.

Jetzt ließ Albert die Gummischnur los. Es gab einen dumpfen Knall. Der Ball rollte zur Seite.

„Getroffen", sagte Albert. Trotzdem war er nicht zufrieden. Als Heinrich Bräsch und er vor ein paar Tagen aus Astgabeln, Gummischnüren und einem Stück Leder Steinschleudern gemacht hatten, hatte Heinrich zu ihm gesagt: „Du mußt auf zwanzig Schritte einen Apfel treffen können. Erst dann bist du ein guter Schütze." Der Ball war etwa gleich groß wie ein

Apfel. Aber der Abstand war nicht mehr als zehn Schritte gewesen.

Albert versuchte er mit fünfzehn Schritten. Als er den Gummi spannte, rief jemand von der Straße seinen Namen. Es war Heinrich Bräsch.

„Du mußt nicht auf Bälle schießen!" sagte er. „Ich weiß etwas viel Besseres. Wir gehen in den Rebberg hinauf und schießen Vögel!"

„Nein!"

Albert hatte das Wort schon auf der Zunge. Er wollte keine Vögel schießen. Wozu auch? Niemand aß Spatzen oder Amseln. Außerdem waren die Vögel nützliche Tiere. „Sie fressen Raupen, Insekten und andere Schädlinge", hatte der Vater gesagt. Und hatten sie nicht erst in der Schule die Zehn Gebote gelernt? Eines davon hieß doch: „Du sollst nicht töten!" Nein, Albert wollte keine Vögel schießen!

Und doch kam ihm dieses „Nein!" nicht über die Lippen! Lag nicht auf Heinrich Bräschs Mund ein spöttisches Lachen? Dachte er nicht bereits: „Der Albert ist ein Hasenfuß! Ein Weichling! Ein Feigling! Ein Spielverderber!" Und würde er es nicht morgen in der Schule erzählen? Und alle würden lachen und ihn verspotten?

„Ich komme mit!" sagte Albert.

Die Buben füllten die Hosensäcke mit Steinen und stiegen den Hang hinauf, dorthin, wo der Rebberg lag. Sie kamen in die Nähe eines Baumes. Auf den kahlen Ästen saßen die Vögel und sangen in den Morgen hinaus.

„Die schießen wir jetzt runter!" sagte Heinrich Bräsch leise. „Duck dich! Wir schleichen uns an sie heran!"

Vorsichtig pirschten sich die beiden Jäger an den Baum. Als sie noch etwa zwanzig Schritte entfernt waren, legte Heinrich einen Stein auf die Schleuder. Er spannte die Gummischnur. Er drehte den Kopf. „Machs wie ich, Albert!“ flüsterte er.

„Nein! Mach es nicht!“ sagte eine Stimme in Albert. Albert klaubte einen Stein aus dem Hosensack und legte ihn auf.

„Ich schieße daneben!“ sagte er zu sich selber. „Ich schieße ganz bestimmt daneben. Ich will keine Vögel töten!“

Da! Ein Glockenton! Und noch einer! Und ein dritter! Die Glocken der Kirche Günsbach begannen zu läuten.

Der Sakristan Jägle teilte mit dem „Zeichenläuten“ den Günsbachern mit, daß in einer halben Stunde der Gottesdienst begann.

Das war auch für Albert ein „Zeichenläuten“! Eine Stimme aus dem Himmel war es für ihn. Er sprang auf. Er warf die Schleuder weg. Er verscheuchte die Vögel. Zwitschernd flatterten sie in alle Richtungen davon.

Albert rannte den Hang hinunter. Sein Herz klopfte zum Zerspringen. „Ich habe nicht gemacht, was ein anderer mir befohlen hat!“ sagte er immer wieder zu sich selber. „Ich habe das gemacht, was mir mein Gewissen gesagt hat.“

Albert war so froh, wie schon lange nicht mehr.

Ein paar Monate später kam Albert in die Obere Klasse zu Vater Iltis. Vater Iltis war Lehrer an der Dorfschule. Aber er war außerdem noch der Organist von Günsbach.

„Möchtest du das Orgelspiel lernen?“ fragte Vater Iltis eines Tages Albert.

Albert nickte. Das hatte er sich schon lange heimlich gewünscht.

„Ich habe mit deinem Vater geredet“, sagte Vater Iltis. „Er ist einverstanden. Komm am Samstagnachmittag in die Kirche!“

Albert konnte den Samstag kaum erwarten. In der Schule paßte er nicht auf. Er träumte vor sich hin und sah sich droben auf der Empore der Kirche Orgel spielen.

Endlich kam der Samstagnachmittag. Albert trat vom hellen Platz in den halbdunklen, kühlen Kirchenraum. Im Chor vorn flackerte das ewige Licht der Katholiken.

Albert stieg die steile Treppe zur Empore hinauf. Die ausgetretenen Holzstufen und die Dielen knarrten. Vater Iltis war schon da. Er spielte einen Choral. Vom Seitenfenster flutete Licht herein.

„Setz dich neben mich!“ sagte Vater Iltis. Albert setzte sich auf die Orgelbank. Er mußte sich ganz schmal machen, denn auf der Bank lag noch ein Stapel Notenhefte.

Vater Iltis erklärte ihm die Orgel. „Das hier“, sagte er und zeigte auf die weißen und schwarzen Tasten, „sind die Tastaturen. Beim Klavier gibt es nur eine Tastatur für die Finger. Aber bei der Orgel sind es meist zwei, manchmal auch drei oder sogar vier. Und das da, die Knöpfe auf der Seite: das sind die Register. Die Orgel ist nämlich nicht nur ein Instrument, sondern ein ganzes Blasorchester. Und je nachdem, welchen Knopf du ziehst, tönt es wie eine Trompete, oder wie eine Flöte, oder eine Oboe oder eine Klarinette.“ Meister Iltis zog nacheinander ein paar Knöpfe. Albert drückte die Tasten. Und wirklich: einmal tönte es wie eine Posaune, ein andermal schmetterte es wie eine Trompete.

„Und jetzt schau auf den Boden!“ befahl Vater Iltis. „Diese großen Holztasten da unten spielt man mit den Füßen. Man nennt sie Pedale. Es sind die ganz tiefen Noten. Die Bässe.“

Vater Iltis Füße glitten über die Pedale. Unter den tiefen Tönen zitterte die Empore, und die Fensterscheiben klirrten leise.

Albert versuchte es auch. Aber er erreichte mit den Füßen die Pedale nicht. Seine Beine waren zu kurz.

„Mußt noch fleißig Suppe essen“, sagte Vater Iltis, und Albert wurde rot im Gesicht.

Der Organist langte nach einem Notenheft, das auf der Bank

lag. Er zeigte Albert den Umschlag, verdeckte aber mit der Hand die Schrift. Auf dem Umschlag war der Kopf eines Mannes abgebildet. Er hatte eine große Nase, ein Doppelkinn, dunkle und kräftige Augenbrauen und eine Perücke auf dem Kopf.

„Weißt du, wer das ist?“ fragte Vater Iltis.

Albert nickte. „Das ist Johann Sebastian Bach“, sagte er. „Wir haben zu Hause auch ein Bild von ihm.“

„Johann Sebastian Bach ist der größte Musiker, der je gelebt hat“, sagte Vater Iltis. „Das war vor etwa zweihundert Jahren. Damals haben die Männer noch Perücken auf dem Kopf getragen. Keiner hat so großartige Orgelstücke geschrieben wie Bach. Da, spiel das einmal!“ Er schlug das Heft auf und legte es auf den Notenständer. „Das Pedal kannst du weglassen!“

Albert spielte die Melodie. Er kannte den Choral. Als die Töne durch die Kirche hallten, fühlte sich Albert emporgehoben über allen Alltagskummer. Er dachte nicht mehr an die Schule, nicht mehr an die Hausaufgaben, nicht mehr an Streit, nicht mehr an Kämpfe.

„Nicht träumen, Albert!“ rief Vater Iltis. „Nicht phantasieren! Du mußt genau nach den Noten spielen! Und nicht so hastig! Man muß Meister Bach langsam spielen! Ja, so ist besser! Aber was starrst du denn unentwegt in den Spiegel?“

Albert hatte den Rahmen über der Orgel erblickt. Und mit einem Male kam ihm wieder der Teufel in den Sinn, der ihn als kleines Kind in der Kirche so beschäftigt hatte.

Er hörte auf mit Spielen.

„Mit Hilfe dieses Spiegels“, sagte Vater Iltis, „kann ich jederzeit in die Kirche schauen, ohne mich umzudrehen.“

Jetzt war Albert alles klar. Der Teufel, den er als kleines Kind gesehen hatte, war niemand anders als Vater Iltis gewesen. Die Zotten waren sein Bart, und das Fenster war der Spiegel. Albert lachte.

„Es reicht für heute", sagte Vater Iltis. „Wenn du brav übst und deine Beine lang genug sind, darfst du mich im Gottesdienst vertreten!"

Albert hätte jauchzen mögen. Aber er scheute sich, seine Gefühle andern Menschen zu zeigen. Schnell verabschiedete er sich.

„Er ist ein seltsamer Bub", brummte Vater Iltis.

Nach dem Schuljahr bei Vater Iltis mußte Albert an die Realschule nach Münster gehen. Jeden Morgen trottete der Neunjährige von Günsbach den Berg entlang in die schöne kleine Stadt hinten im Münstertal. Wenn er tüchtig marschierte, konnte er den Weg in einer guten halben Stunde zurücklegen. Aber Albert nahm es lieber gemächlich. Im Frühjahr schaute er den Bienen zu, wie sie in die Blüten der Blumen oder der Apfelbäume schlüpften. Im Sommer konnte er lange Zeit unverwandt zu den Wolken hinaufblicken, die sich über dem Gebirge türmten. Da sah man die Köpfe alter Männer oder Frauen, da sah man Löwen mit gewaltiger Mähne oder ein Kamel. Aber die Bilder wechselten beständig, denn die Wolken schrumpften zusammen oder quollen auseinander. Auch zum alten Schloß, das sich am Berg erhob, schaute Albert oft hinauf, und er stellte sich vor, daß dort oben früher Ritter und Knappen, Burgfrauen und Soldaten gelebt hatten. Im Herbst rannte er den roten, braunen und gelben Blättern nach, die der Wind aufwirbelte. Und im Winter betrachtete er die feinen Formen der Schneeflocken, die auf seine dunklen Fausthandschuhe fielen. Wie wunderbar das war! Keine Form glich der anderen! Und wie schnell die kleinen Kunstwerke sich durch die Wärme der Hände auflösten!

An der Realschule in Münster gab es für die einzelnen Fächer verschiedene Lehrer. Besonders gern ging Albert in den Religionsunterricht. Da erzählte Pfarrer Schäfer jedesmal eine andere biblische Geschichte. Und er erzählte so lebendig und hinreißend, daß man meinte, dabei zu sein. Eines Tages kam die Geschichte an die Reihe, in der sich Josef in Ägypten seinen Brüdern zu erkennen gibt. Da liefen dem guten Pfarrer Schäfer vor Rührung die Tränen über die Wangen, und die ganze Klasse schluchzte aus Mitgefühl und Erleichterung, weil die Geschichte, die so bös angefangen hatte, ein gutes Ende nahm.

Zu schnell verging für Albert das schöne Jahr an der Realschule in Münster. Eines Tages sagte der Vater zu ihm: „Du mußt jetzt ans Gymnasium, Albert! Nach Mülhausen. Dort leben Onkel Louis und Tante Sophie. Onkel Louis ist ein Bruder meines Vaters. Er ist eigentlich dein Großonkel."

„Er ist auch mein Taufpate", sagte Albert.

„Ja", antwortete der Vater. „Er und seine Frau haben keine Kinder. Darum hat er gesagt, daß du bis zur Reifeprüfung am Ende des Gymnasiums umsonst bei ihm zu Hause leben kannst."

Albert nickte. Es blieb ihm nichts anderes übrig, als seinem Vater zu gehorchen. Aber eigentlich wollte er nicht fort von seinen Eltern. Und von seinen Geschwistern. Er liebte Günsbach und die Natur. Er liebte den Gottesdienst am Sonntag, und er liebte den Kranzrain.

„Du weißt, Albert", fuhr der Vater fort, „daß wir nicht viel Geld haben. Eigentlich müßte ich für dich am Gymnasium Schulgeld bezahlen. Aber der Direktor gibt dir einen Freiplatz. Dafür mußt du fleißig sein und gute Zeugnisse heimbringen!"

Albert sah, wie blaß sein Vater war.

Er nickte.

Wer wissen will, wie es dem Albert in Mülhausen gefallen hat, ob seine Zeugnisse gut waren und wie der Fürst von Montenegro geheißen hat, der kommt nicht darum herum, das

Fünfte Kapitel

zu lesen.

Das Essen war zu Ende. Onkel Louis legte sich aufs Kanapee* und machte seinen Mittagsschlaf. Albert half der Tante Sophie beim Abräumen. Dann verdrückte er sich. Er wollte gerade vom dunklen Gang in sein Zimmer schleichen, da rief die Tante aus der Küche: „Albert!"

„Ja!"

„Du mußt auf dem Klavier üben!"

„Ich mag nicht!"

„Es wird geübt!"

Albert wurde zornig. „Ich mag nicht jeden Mittag vor der Schule und nach der Schule auf dem Kasten herumhacken", murrte er.

Die Tante kam aus der Küche. „Du weißt nicht, wozu dir die Musik einmal im Leben gut sein wird", sagte sie. „Marsch ans Klavier!"

Albert schimpfte vor sich hin. Trotzig hieb er auf die Tasten. „Die sollen nur hören, wie widerwärtig mir das Spielen ist", dachte er. Aber Onkel Louis und Tante Sophie achteten nicht

---

* Kanapee kommt aus dem Französischen und meint ein Sofa.

auf ihn. Der Onkel schnarchte, und in der Küche klapperte Tante Sophie mit dem Geschirr.

Als es Zeit war, in die Schule zu gehen, schlug Albert den Klavierdeckel zu und machte sich mißmutig auf den Weg. Mit verschlossenem Gesicht ging er auf dem grauen, heißen Pflaster und an den eintönigen Hausmauern entlang zum Gymnasium. Mülhausen gefiel ihm nicht. Zwar war die Stadt viel größer als Günsbach, Münster oder Colmar. In Mülhausen gab es fünf katholische und vier protestantische Kirchen, ein prächtiges Rathaus, zwei Museen und zwei Theater. Auf dem Rhein-Rhone-Kanal, am Rand der Stadt, zogen Maulesel vom Treidelpfad aus Schiffe hinter sich her. Und in der Stephanskirche, wo Alberts Musiklehrer Eugen Münch am Sonntag Orgel spielte, waren berühmte Glasgemälde an den Fenstern.

Und doch fand Albert die Kirche von Günsbach viel schöner. Er hatte Heimweh nach dem Kranzrain, wo er mit Phylax gesessen und ins Münstertal geschaut hatte. Heimweh ergriff ihn nach dem Schloßwald, nach dem klaren Wasser der Fecht, nach den Rebbergen, nach Vater und Mutter und den Geschwistern, besonders nach seinem Bruder Paul. Er war erst vor kurzem auf die Welt gekommen.

Albert überquerte den Platz vor dem Gymnasium und betrat das Schulhaus. Es roch nach Schmierseife und Öl, mit dem der Hauswart die Holzböden bestrich. Das Schulzimmer war schmucklos. Vorne stand die schwarze Tafel mit dem braunen Holzrahmen, und an der Wand hing ein Bild des Kaisers. Er hieß Wilhelm der Erste, hatte ein gutmütiges Gesicht und einen Schnurrbart samt Backenbart.

Die Klassenkameraden begrüßten Albert. Sie mochten ihn. In der Schule sagte er nicht viel, außer in Geschichte. In diesem Fach wußte er viel mehr als alle andern. In den Ferien lud er immer ein paar von ihnen ins Pfarrhaus nach Günsbach ein.

Albert setzte sich in die Bank. Auf dem Pult hatte es Tintenklekse, und überall standen Namen, die die Schüler mit Messer ins Holz geschnitzt hatten.

Jetzt kam der Naturkundelehrer ins Zimmer. Er stieg die drei Stufen zu seinem Pult hinauf. Wie ein König thronte er auf dem Katheder, von dem aus er die ganze Klasse überblicken konnte.

„Wir behandeln heute den Golfstrom", sagte er. „Schlagt im Buch Seite zweiunddreißig auf! Bannwarth!"

„Der Golfstrom", las Bannwarth, „ist die wichtigste Meeresströmung im nördlichen Atlantischen Ozean. Er hat seinen Namen vom Golf von Mexiko, wo er herkommt. Er ist 55 Kilometer breit, und seine Wassermenge beträgt 89.872 Millionen Tonnen in einer Stunde. Er hat eine Oberflächenwärme von 26,7 Grad..."

Albert starrte auf das Buch. Aber er las nicht mit. Die Zahlen ließen ihn kalt. Gerne hätte er gewußt, warum es, mitten im kalten Wasser, solche warmen Ströme gab. Natürlich gab es Erklärungen dafür: Die Sonne, die das Wasser erwärmte. Und der Wind, der es in Bewegung setzte. Aber das waren nur oberflächliche Auskünfte. Der Golfstrom war ein Geheimnis, das man ebenso wenig erklären konnte wie die Entstehung des Regentropfens oder der Schneeflocken, die er auf dem Schulweg nach Münster immer bestaunt hatte.

„Schweitzer!"

Albert erwachte aus seinen Gedanken.

„Schweitzer!" rief der Lehrer. „Wiederhol, was der Bannwarth gelesen hat!"

Albert stand auf. Mit verschlossenem Gesicht schaute er den Lehrer an.

„Wird's bald?"

Keine Antwort.

„Wenn du so weitermachst, Schweitzer", sagte der Lehrer,

„dann wird dein nächstes Zeugnis noch schlechter als das letzte. Setz dich!"

Albert dachte daran, was vor einem Jahr, als er von Günsbach Abschied genommen hatte, sein Vater gesagt hatte: „Der Direktor gibt dir einen Freiplatz am Gymnasium. Dafür mußt du fleißig sein und gute Zeugnisse heimbringen!" Aber die Zeugnisse waren bis jetzt alles andere als gut gewesen. Sein Vater hatte ihn jedesmal traurig angeschaut, und die Mutter hatte geweint. „Warum bin ich ein schlechter Schüler?" dachte Albert. „Warum mache ich meinen Eltern Sorgen? Warum ärgere ich Tante Sophie und widerspreche ihr, wenn ich auf dem Klavier üben soll?"

Albert wußte darauf keine Antwort.

Als er nach der Schule heimkam, machte er am Stubentisch seine Hausaufgaben. Doch eine Viertelstunde vor dem Nachtessen mußte er seine Bücher und Hefte wegräumen. Die Tante deckte den Tisch.

Auf diesen Moment wartete Albert jeden Nachmittag. Denn jetzt konnte er eine der Zeitungen lesen, die auf dem kleinen Tisch neben dem Kanapee lagen. Er griff nach der „Straßburger Post".

Aber Tante Sophie war nicht einverstanden. „Ich habe dir schon hundertmal gesagt, daß ich es nicht gern sehe, wenn du die Zeitung liest", sagte sie.

„Warum nicht?" fragte Albert.

„Auch das habe ich dir schon hundertmal gesagt", antwortete Tante Sophie und stellte die Teller auf das weiße Tischtuch. „Weil du in der Zeitung ja doch nur die Romanfortsetzungen und die Berichte von den Unglücksfällen und Verbrechen liest. Und das ist nichts für einen Jungen in deinem Alter."

„Nein, Tante", sagte Albert. „Ich lese das, was in der Welt geschieht. Das Politische."

„Das kannst du mir nicht weismachen", antwortete die Tante. „In deinem Alter interessiert man sich nicht für das Politische."

„Aber ich lese es!" beharrte Albert.

Da kam Onkel Louis ins Zimmer. „Worüber wird hier gestritten?" wollte er wissen, und Tante Sophie erzählte es ihm.

„Wir werden gleich sehen, ob Albert die Wahrheit sagt", murmelte Onkel Louis.

Sie setzten sich an den Tisch. Tante Sophie füllte die Teller mit gebratenen Kartoffeln und Salat. Albert bekam die größte Portion. „Weil er wächst wie eine Bohnenstange", sagte Tante Sophie.

Sie aßen.

Da fragte Onkel Louis unvermittelt: „Albert, wenn du die Zeitung so aufmerksam liest, dann sag mir doch: In welchem Teil der Erde sieht es nach Krieg aus?"

Albert schob eine Gabel voll Kartoffeln in den Mund. Er kaute. Tante Sophie lächelte triumphierend. Albert schluckte.

„Auf dem Balkan!" sagte er.

„Und wo liegt der Balkan?"

„Der Balkan ist eine Halbinsel im Südosten von Europa."

„Richtig", antwortete der Onkel. „Und warum sieht es dort nach Krieg aus?"

„Weil der Zar von Rußland die slawischen Völker zu einem Staatenbund unter seiner Führung zusammenschließen möchte. Es gibt aber auch in den einzelnen Staaten Zwistigkeiten."

„Zum Beispiel?" fragte Onkel Louis. Er hatte die Gabel hingelegt. Er kam sich vor wie in seinem Beruf als Schulinspektor bei einem Examen.

„In Serbien", sagte Albert und schöpfte sich einen zweiten Berg Bratkartoffeln auf seinen Teller.

„Wie heißt der König von Serbien?"

„König Milan II."

„Und der Regent von Rumänien?"

„Fürst Karl von Hohenzollern-Sigmaringen!"

„Montenegro?"

„Fürst Niklaus!"

Fragen und Antworten kamen wie aus der Kanone geschossen. Tante Sophie lächelte längst nicht mehr. Sie starrte Albert an und schüttelte den Kopf.

„Bemerkenswert", sagte der Onkel und wischte sich mit der Serviette den Mund ab. „Wirklich bemerkenswert. Noch eine letzte Frage zum Balkan. Der Fürst von welchem Land ist erst kürzlich gestürzt worden?"

„Fürst Alexander von Bulgarien", sagte Albert. „Bis sein Nachfolger gewählt ist, regiert der Politiker Stephan Stambulow!"

Der Onkel befragte Albert noch über ein paar andere Ereignisse, von denen die Zeitungen berichtet hatten. Dann fällte er sein Urteil: „Albert, du darfst von heute an nicht nur während des Tischdeckens in den Zeitungen lesen, sondern auch abends, wenn du mit den Schulaufgaben fertig bist."

Albert freute sich riesig. Er hatte ein Examen bestanden. Keines, das Noten für das Schulzeugnis gab. Das aber doch bewies, daß er etwas wußte. So las er nach den Schulaufgaben alle Zeitungen durch. Er las das Politische. Aber er las auch die Romanfortsetzungen, die Unglücksfälle und Verbrechen.

Hätte er doch die Prüfungen in der Schule auch so gut bestanden wie die des Onkels! Aber auf dem Gymnasium ging es beständig bergab mit ihm.

Eines Tages kam Pfarrer Schweitzer von Günsbach nach Mülhausen. Der Direktor des Gymnasiums hatte ihn zu sich bestellt. „Der Albert ist einer der schlechtesten Schüler seiner Klasse", sagte er. „Er ist zerfahren. Er bereitet sich ungenügend vor. Er hat keine Disziplin beim Arbeiten. Es wäre das beste, wenn Sie ihn vom Gymnasium nehmen würden, Herr Pfarrer Schweitzer."

„Die Disziplin war nie seine Stärke", sagte Pfarrer Schweitzer. „Schon immer ist er ein Träumer gewesen. Aber jetzt ist noch das Heimweh dazu gekommen. Warten wir doch noch ein Jahr, Herr Direktor. Wenn er sich bis dahin nicht bessert, suche ich eine andere Schule für ihn."

Auch der Klavierlehrer, Herr Münch, hatte keine Freude an Albert. Wenn Albert lustlos am Klavier saß und die Stücke ohne Gefühl hölzern herunterspielte, seufzte Lehrer Münch und sagte: „Albert Schweitzer ist meine Qual!"

Und Albert schaute seinen Lehrer mürrisch an, schwieg und spielte weiterhin hölzern und gefühllos.

Wie ein neuer Lehrer für Albert zum Vorbild wird, was ein Rücktritt am Rad ist und warum sich der Herr Schulinspektor bei der Reifeprüfung furchtbar ärgert, das steht im

Sechsten Kapitel

Die Glocke hatte schon vor ein paar Minuten geläutet. Da kamen noch fünf Schüler gemächlich ins Klassenzimmer spaziert. Als sie sahen, daß der Lehrer schon auf dem Katheder saß, rannten sie an ihre Plätze.

„Warum kommt ihr zu spät?“ fragte Doktor Wehmann. Er war der neue Lehrer und zum ersten Mal in der Klasse. Er hatte einen schwarzen Schnurrbart, dessen Enden an den Mundwinkeln nach unten hingen.

„Weil... weil...“, stotterte einer der Zuspätgekommenen. „Weil die Lehrer ja auch nie pünktlich sind. Da pressiert* es uns nicht.“

Doktor Wehmann lächelte. „Bei mir fängt der Unterricht pünktlich an“, sagte er. „Und er hört pünktlich auf. Ich dulde nicht, daß ein Schüler ohne Grund zu spät kommt.“

Albert Schweitzer horchte auf. Was der neue Lehrer gesagt hatte, machte ihm Eindruck. Zur Zeit anfangen — zur Zeit aufhören; da wußte man, woran man war.

Doktor Wehmann begann mit dem Unterricht. Er hatte die

* „Es pressiert nicht“ ist ein anderer Ausdruck für „es eilt nicht“ oder „es drängt nicht“.

Stunde gut vorbereitet. Er plauderte nicht drauflos. Er suchte im Buch nicht umständlich nach der Seite, auf der die Schüler lesen mußten. Er diktierte nicht einfach, was ihm gerade einfiel. Sondern alles war überlegt und genau eingeteilt. Als die Pausenglocke läutete, schloß Doktor Wehmann sein Heft und verließ das Zimmer. Er hatte genau das behandelt, was er sich vorgenommen hatte.

Albert saß ganz benommen in seiner Bank. Zum ersten Mal in seiner ganzen Schulzeit war er während einer Stunde mit seinen Gedanken nicht abgeschweift. „Er wird sich wohl am Anfang besonders Mühe geben, unser neuer Lehrer", dachte er. „Mit der Zeit wird er bestimmt nachlässiger."

Aber Doktor Wehmann wurde nicht nachlässiger. Er fuhr genau so fort, wie er begonnen hatte. Immer gab er die Arbeiten und Hefte pünktlich zurück. Immer war er vorbereitet. Auf Wehmann konnte man sich verlassen.

Das machte auf Albert einen gewaltigen Eindruck. Der Lehrer wurde ihm zum Vorbild. „Was der kann, kann ich auch", dachte er. Er gewöhnte sich daran, seine Aufgaben sorgfältig auszuführen. Er teilte seine Zeit genau ein. Er paßte besser auf im Unterricht.

An Ostern war sein Zeugnis bedeutend besser. Nur mit dem Klavierspielen machte er noch immer keine großen Fortschritte. Wieder einmal hatte er sich schlecht vorbereitet. Mühsam schleppte sich die Stunde dahin. Am Schluß gab ihm Herr Münch ein neues Stück auf.

„Eigentlich bist du nicht wert, daß man dir so schöne Musik zu spielen gibt", sagte er. „Ich weiß jetzt schon, daß du mir auch dieses Stück wieder versudeln wirst. Wenn einer kein Gefühl hat zum Spielen, kann ich ihm auch keines geben."

„Dir will ich zeigen, daß ich Gefühl habe", dachte Albert. Er packte seine Notenhefte zusammen und ging nach Hause.

Tante Sophie traute ihren Ohren nicht, als sie Albert spielen hörte. „Das ist noch nie vorgekommen, daß der Albert sich gleich nach der Stunde ans Klavier gesetzt hat", sagte sie abends im Bett zu Onkel Louis. „Er hat auch nicht mehr wie ein Elefant auf die Tasten gehauen. Er hat mit Gefühl gespielt und sogar die Fingersätze aufs Notenblatt geschrieben."

„Er ist auch in der Schule besser geworden", antwortete der Onkel. „Zwar ist er noch immer kein glänzender Schüler. Aber niemand redet mehr davon, daß er das Gymnasium verlassen muß."

„Wie sich ein Kind doch verändern kann", sagte Tante Sophie und löschte die Petroleumlampe aus, die auf dem Nachttisch stand.

In der nächsten Klavierstunde spielte Albert seinem Lehrer das Stück so vor, wie er es im Herzen spürte. Herr Münch sagte nicht viel. Aber er schlug Albert auf die Schulter. „Wenn du so weitermachst", sagte er, „dann darfst du nach deiner Konfirmation in der Stefanskirche Orgelunterricht nehmen."

Albert freute sich auf seine Konfirmation. Aber der Konfirmandenunterricht machte ihm Mühe. Es war schade, daß man den alten Herrn Pfarrer Wennagel so vieles nicht fragen durfte. Schon immer hatten Albert die biblischen Geschichten beschäftigt. Da gab es so vieles, das er nicht verstehen konnte. Zum Beispiel das mit den Weisen aus dem Morgenland. Sie hatten doch bei der Geburt dem Jesuskind Geschenke gebracht. Aber warum hatten sie sich dann später nicht mehr um den Heiland gekümmert? Und die Hirten von Bethlehem, die die Engel gesehen und bei Maria und Josef gewesen waren! Überall hatten sie herumerzählt, daß dieser Jesus der lang erwartete Heiland war. Warum waren sie dann später nicht Jünger von Jesus geworden? Warum wußte niemand mehr etwas von der Botschaft der Engel, als Jesus ans Kreuz geschlagen wurde?

Über solche und viele andere Fragen dachte Albert Schweitzer nach. Aber der gute Pfarrer Wennagel sagte: „Man soll nicht fragen. Man muß glauben." Albert hätte dem Pfarrer gern widersprochen. Aber er hatte so große Ehrfurcht vor ihm, daß er sich nicht getraute.

Doch die Konfirmation wurde für ihn trotzdem zu einem großen Ereignis. Die Konfirmanden versammelten sich in der Sakristei. Alle hatten dunkle Kleider an. Sie stellten sich auf, und als Herr Münch auf der Orgel zu spielen anfing, schritten sie in die Kirche, die voll war von Menschen. Albert war ganz feierlich zumute. Sein Herz war froh. Die Gesundheit seines Vaters hatte sich in letzter Zeit gebessert. Seine Eltern und Geschwister wohnten jetzt in einem neuen, freundlicheren Pfarrhaus. In der Schule ging es immer besser, und wenn er so weitermachte, konnte er in zwei Jahren die Reifeprüfung bestehen. Albert war dankbar für alles, was ihm Gott in seinem Leben geschenkt hatte.

Nur einen brennenden Wunsch hatte Albert noch. Er wollte ein Fahrrad haben. Wie großartig mußte es sein, mit einem Rad durch die Gegend zu fahren! „Von Mülhausen wäre ich in zwei Stunden zu Hause", überlegte er. „Ich müßte dann nicht auf die Bahn warten und könnte dazu noch Geld sparen."

Die Fahrräder waren in den letzten Jahren immer besser und schneller geworden. Die ganz hohen Räder sah man nur noch selten. Auch die halbhohen, die „Känguruhs" genannt wurden, waren nicht mehr gefragt. Jetzt gab es die niedrigen Velos mit einer Antriebskette und einem Rücktritt: um zu bremsen, mußte man das Pedal einfach nach hinten treten.

Ein solches Rad war Alberts Traum. Aber das kostete eine Menge Geld — viel mehr als sein Vater in einem Monat verdiente.

Aber Albert hatte eine Idee. Da gab es doch am Gymnasium jüngere Schüler, die in der Mathematik Mühe hatten. Sie suchten Kameraden aus den oberen Klassen, die Nachhilfestunden gaben. Ihre Väter waren gerne bereit, etwas dafür zu bezahlen. So fing Albert an, Nachhilfestunden zu erteilen. Anderthalb Jahre lang legte er alles Geld, das er dafür bekam, auf die Seite. Dann hatte er 260 Mark gespart. Das war gerade genug, um ein gebrauchtes, aber noch gut erhaltenes Rad mit Rücktritt zu kaufen.

Als er zum ersten Mal mit dem Velo durch Günsbach radelte, redete das ganze Dorf davon.

„Habt ihr gesehen, wie Pfarrers Albert durch die Gassen geradelt ist? Von oben herab hat er uns angeschaut! Hochmütig ist er geworden! Nicht einmal recht gegrüßt hat er! Es ist eine Schande, daß sogar die Pfarrersöhne mit dem unsittlichen Teufelszeug durch das Land rasen, statt mit den Beinen zu gehen, wie es der Herrgott dem Menschen bestimmt hat. Hoffentlich verbietet es ihm der Vater!"

Aber Pfarrer Schweitzer verbot dem Albert und später seinem Bruder Paul das Radfahren nicht. „Radfahren spart Zeit", sagte er. „Es ist etwas Schönes, und außerdem verpestet man damit nicht die Gegend mit Rauch wie die Lokomotive."

Die letzte Zeit in Mülhausen ging schnell vorbei.

„Onkel Louis", sagte Albert eines Tages beim Nachtessen, „morgen ist die Abschlußprüfung. Da müssen alle Schüler einen schwarzen Gehrock* und schwarze Hosen tragen. Einen Gehrock habe ich von einem Verwandten geerbt. Aber schwarze Hosen habe ich keine. Könntest du mir deine für morgen leihen?"

Onkel Louis nickte, und die Tante maß Albert mit ihren Augen. „Du bist groß und schlank, Albert", sagte sie, „dein Onkel aber klein und fest. Ich rate dir: Probier noch heute abend, ob dir die Hosen überhaupt sitzen."

Albert vergaß die Anprobe. Als er am andern Morgen in die Küche kam, schlug Tante Sophie die Hände über dem Kopf zusammen. Die Hosen saßen überhaupt nicht. Die Beine waren viel zu kurz, und oben lugte zwischen dem Hosenbund und der Weste ein handbreiter weißer Hemdstreifen hervor. Das Hinterteil der Hose aber hing wie ein Sack herunter.

„So kannst du unmöglich zur Prüfung gehen", jammerte die Tante. „Sonst meint der Herr Oberschulrat Albrecht aus Straßburg, er sei in einen Zirkus geraten."

„In einer Stunde fängt die Prüfung an", antwortete Albert. „Wo soll ich da noch eine andere Hose herbekommen?"

Die Tante holte ein Paar von Onkel Louis' Hosenträgern. Auch sie waren zu kurz. Aber Albert hatte eine großartige Idee. „Wir verlängern sie ganz einfach mit Schnüren", sagte er. Tante Sophie versuchte indessen, das weite Hinterteil mit Sicherheitsnadeln zusammenzuziehen. Endlich war Albert einigermaßen eingekleidet.

„Wenn das nur gutgeht", seufzte Tante Sophie.

Als Albert in die Schule kam, warteten seine Kameraden schon vor dem Examenszimmer. Alle starrten ihn an. Dann fin-

* Altes Wort für „Jacke", „Jackett".

gen sie an zu lachen. Jeder versuchte, den andern mit Sprüchen zu übertrumpfen.

„Der Schweitzer hat das Examen mit einem Maskenball verwechselt!"

„Er hat sich Falten am Hinterteil gemacht für den Fall, daß er vom Oberschulrat Prügel bekommt."

„Das ist jetzt die neuste Mode von Paris, daß man sich die Hosen mit Schnüren anbindet."

Lärm und Gelächter schwollen an.

Da ging die Tür auf. „Bitte, meine Herren", sagte einer der Lehrer, „nicht so laut! Treten Sie jetzt feierlich in das Zimmer und warten Sie ganz ruhig, bis der Herr Oberschulrat Sie zum Sitzen auffordert!"

Die Prüflinge traten ein. Aber mit der Feierlichkeit war nichts. Die Kandidaten verbissen das Lachen. Als die Lehrer, die vorne an den Tischen saßen, Schweitzer sahen, wurden auch sie mit einem Male heiter. So fröhlich hatte im Gymnasium noch nie eine Prüfung angefangen.

Aber der Herr Oberschulrat aus Straßburg war entsetzt. Das war ihm noch nie vorgekommen. Ein Examen hatte ernst zu sein. Da gab es nichts zu lachen. Der Reihe nach schaute er die Prüflinge an. Aber er konnte die Ursache der Heiterkeit nicht erkennen, weil er auf die Gesichter und nicht auf die Hosen achtete. Nur etwas war ihm klar: Der Große dort war der Anlaß, daß alle lachten. „Dir werde ich den Spaßvogel schon austreiben", dachte der Oberschulrat. Dann sagte er streng: „Setzen!"

Ein Schüler nach dem andern wurde von den Lehrern geprüft. Als die Reihe an Schweitzer kam, sagte der Oberschulrat: „Den prüfe ich persönlich!"

Er stellte mit Absicht schwere Fragen. Und jedesmal, wenn Schweitzer die Antwort schuldig blieb, schüttelte er den Kopf.

Der Schuldirektor nickte Schweitzer aufmunternd zu, sich nicht einschüchtern zu lassen. Aber es sah für den Prüfling nicht gut aus. Der Oberschulrat machte ein bedenkliches Gesicht.

„Ich prüfe Sie jetzt noch in Geschichte", sagte er. Alle wußten, daß Geschichte sein Spezialfach war. Aber Geschichte war auch das Spezialfach Alberts. Nicht umsonst hatte er die Zeitungen gelesen. Der Oberschulrat stellte immer schwierigere Fragen. Aber Schweitzer blieb ihm keine Antwort schuldig. Da wurde der strenge Mann freundlicher. Am Schluß fragte er Schweitzer gar nicht mehr aus, sondern unterhielt sich mit ihm wie mit einem Kollegen.

So bestand Albert Schweitzer die Reifeprüfung trotz der Hosen.

Ein paar Tage später reiste er nach Günsbach zurück. Der Abschied von Onkel Louis und Tante Sophie fiel ihm schwer.

Zu Hause wartete eine Überraschung auf ihn. „Mein Bruder Auguste, der in Paris Kaufmann ist, und seine Frau haben dich für drei Wochen zu sich eingeladen", sagte der Vater.

Albert freute sich auf die Reise und den Aufenthalt in der Weltstadt.

„Und nach den Ferien wirst du wohl an der Universität Straßburg ein Studium anfangen", fügte der Vater hinzu.

„Wenn ich darf", sagte Albert, „möchte ich gern Theologie studieren und Pfarrer werden wie du, Vater."

Im

Siebten Kapitel

zweifelt Albert am Fortschritt, bekommt er unverhofft von einem berühmten Meister Orgelstunden und legt er ein Gelübde ab, das für sein Leben ganz wichtig wird.

Albert war den ganzen Tag durch die Stadt gegangen. Die Hauptstraßen in Paris waren so breit, daß man die Kirche von Günsbach in die Straßenmitte hätte stellen können. Aber das hätte den Verkehr behindert, der von morgens bis abends durch die Stadt flutete. Unaufhörlich fuhren Droschken und Wagen an Albert vorbei. Von Pferden gezogene Straßenbahnen rollten auf Schienen daher, Radfahrer klingelten, und jetzt ratterte sogar ein Automobil vorbei. Zwei Männer saßen nebeneinander im Gefährt. Es sah wie eine Droschke aus. Einer der Männer hielt das Lenkrad. Unter dem Wagen lärmte der Motor, und aus dem Auspuff kam eine stinkende Rauchwolke. Frauen in langen weißen und bunten Röcken spazierten an Albert vorbei. Sie hielten Sonnenschirme in den Händen, und ihre Gesichter waren schön geschminkt. Männer hasteten in die großen Geschäftshäuser, die längs den Straßen standen.

Albert war es nicht wohl in diesem Trubel. Er ging in einen der großen Parks. Hier hörte man den Lärm nur noch von weitem. Kindermädchen führten kleine Knaben und Mädchen spazieren. Die ersten bunten Blätter fielen von den Bäumen in den großen Weiher, auf dem Enten munter umherschwammen.

Auf einer Bank saß ein Mann und ließ sich von der noch warmen Herbstsonne bescheinen. Er hatte einen weißen, kurzen Bart und war elegant gekleidet.

Albert setzte sich neben ihn. Über den Kronen der Bäume erhob sich das neuste Wahrzeichen von Paris: Der Eiffelturm. Albert schaute zu ihm empor.

„Imposant, nicht?" sagte der Mann.

Albert Schweitzer nickte.

„Vor sieben Jahren hat Ingenieur Eiffel mit dem Bau angefangen", fuhr der Mann weiter. „Sieben Millionen Kilogramm Eisen hat er dazu gebraucht. Und pünktlich zur Weltausstellung vor vier Jahren ist der Turm fertig geworden. Dreihundert Meter hoch ist er! Ein großartiges Zeichen des Fortschritts unserer Zeit."

Der Mann räusperte sich und sah Albert an.

„Sie gehen herrlichen Zeiten entgegen, junger Mann!" sagte er. „Herrlichen Zeiten! Haben Sie schon vom Deutschen Otto Lilienthal in der Zeitung gelesen? Seit zwei Jahren schon macht er Flugversuche. Er springt mit einem Drachen den Hang hinunter, bis er vom Boden abhebt, und dann fliegt er einhundert Meter in der Luft. Ich sage Ihnen: Bald werden die Menschen in der Luft herumfliegen, wie sie heute in den Droschken am Boden fahren. Und wenn die Menschen und die Länder sich dann immer näherkommen und einander so verstehen lernen, dann gibt es bald keinen Krieg mehr. Die Medizin wird alle Krankheiten besiegen. Die Wissenschaft wird alles erforschen und alle Rätsel erklären. Es wird auch keine armen Leute mehr geben. Ich wollte, ich wäre noch so jung wie Sie! Dann könnte ich das alles noch erleben!"

Albert gab keine Antwort. Er glaubte nicht so recht an das, was der Mann sagte. Konnten ein Automobil, eine Flugmaschine oder der Eiffelturm die Menschen wirklich ändern? Sie vom

Geiz befreien? Sie veranlassen, einander zu helfen? Mußte das nicht aus dem Innern kommen? Aus dem Herzen? Warum saß denn dort im Park ein zerlumpter Bettler im Staub? Warum gröhlten in jenem Café Betrunkene? Warum trieben sich verwahrloste Kinder herum, wenn es doch so viel Fortschritt gab?"

Der Mann war verärgert, weil Albert ihm nicht beistimmte. Erzürnt drehte er ihm den Rücken. Da machte sich Albert davon.

„Was hast du dir in der Stadt angeschaut?" fragte Tante Mathilde, als er nach Hause kam.

„Die Orgel von Notre Dame", sagte Albert.

„Und was noch?"

„Die Orgel von Saint Germain. Die Orgel von Saint Séverin. Und die Orgel von Saint Etienne."

„Und was möchtest du noch sehen?"

„Die Orgel von Saint Sulpice und ihren berühmten Organisten und Komponisten."

„Charles-Marie Widor?"

Albert nickte. „Ich möchte ihm vorspielen."

„Wir kennen Widor", sagte Onkel Auguste. „Tante Mathilde schreibt dir eine Empfehlung."

Mit klopfendem Herzen ging Albert zur Kirche von Saint Sulpice. Sie lag nicht weit entfernt von der Seine, unterhalb des Jardin du Luxembourg.

Im Künstlerzimmer neben der Empore empfing der weit herum bekannte Charles-Marie Widor jeden Tag berühmte Leute aus der ganzen Welt. Selbst Könige kamen zu ihm, wenn sie in Paris weilten.

Widor war elegant gekleidet. Er trug einen Schnurrbart. Albert stellte sich vor und überreichte sein Empfehlungsschreiben.

„So, so, aus Günsbach kommen Sie“, sagte Meister Widor. „Mein Großvater hat auch im Elsaß gelebt. Er ist dort Orgelbauer gewesen. Und Ihr Orgellehrer in Mülhausen war Eugen Münch? Sie haben dort in Gottesdiensten und in einem Konzert gespielt?“

Albert nickte bei jeder Frage. Die Tante hatte wirklich alles aufgeschrieben.

„Gut“, sagte Widor. „Und was wollen Sie mir jetzt vorspielen?“

„Etwas von Johann Sebastian Bach — natürlich“, sagte Schweitzer.

Widor lächelte. Auch er liebte Bachs Musik über alles. Miteinander gingen sie zur Orgel. Widor erklärte sie Albert. Dann fing Schweitzer an zu spielen. Er spielte so, wie sein Lehrer in Mülhausen es von ihm verlangt hatte. Mit Gefühl. Das Spiel kam aus dem Herzen.

„Wollen Sie übermorgen wiederkommen?“ fragte Widor, als der letzte Orgelton in der großen Kirche verklungen war.

„Ich... ich bleibe nur für drei Wochen in Paris.“

„Dann kommen Sie doch gleich morgen wieder“, antwortete Widor. „Ich unterrichte für gewöhnlich nur Orgelschüler aus der Musikschule von Paris. Aber bei Ihnen mache ich eine Ausnahme.“

Alberts Herz jubelte. Am liebsten hätte er auf der Straße laut gesungen. Für drei Wochen war er Schüler eines berühmten Organisten! So viel hatte er sich von seinen Ferien in der Hauptstadt nicht erwartet.

Nach der Ferienzeit begann das Studium an der Universität Straßburg. Das war etwas anderes als die Schule in Mülhausen!

Zwar: Lehrer gab es auch da. Aber die hießen jetzt Professoren. Und die Schulzimmer nannte man Hörsäle. Die Professoren fragten nämlich für gewöhnlich die Studenten nicht ab wie in der Schule. Sie hielten einen Vortrag. Den nannte man Vorlesung. Die Studenten hörten zu und machten sich Notizen. Wenn es heiß war und der Professor etwas Langweiliges behandelte, schlief manchmal ein Student ein. Albert schlief nicht. Er träumte auch nicht mehr. Es interessierte ihn, was die Professoren sagten. Zu Hause las er es in Büchern nach. Er machte sich auch eigene Gedanken über das, was er gehört hatte.

Weil Albert Schweitzer Pfarrer werden wollte, mußte er die Bibel in den alten Sprachen lesen und verstehen lernen: das Alte Testament auf Hebräisch, das Neue Testament auf Griechisch. Jetzt fand er auf manche Fragen, die er dem alten Pfarrer Wennagel hatte stellen wollen, eine Antwort. Aber andere Fragen blieben noch unbeantwortet. Auch in die Geschichte der Kirche, in die Lehre der Predigt und des Unterrichts mußte er sich vertiefen. An der Universität hieß das: Studium der Theologie.

Aber noch etwas anderes interessierte Schweitzer: Die Lehren der großen Denker, die über die Welt und den Sinn des Lebens nachgedacht hatten. Man nannte das Philosophie. Und so studierte Schweitzer neben der Theologie auch noch Philosophie.

Er wohnte in Straßburg im Thomasstift. Das war ein großes altes Haus, in dem alle auswärtigen Theologiestudenten ein einfaches Zimmer haben und essen konnten. Als besondere Vergünstigung stand in Alberts Zimmer ein Klavier.

An einem Samstagnachmittag radelte Albert Schweitzer von der Stadt in ein Außenquartier von Straßburg. Hier hatte es keine stattlichen Bürgerhäuser, keine gepflegten Straßen und

Parks, sondern graue Mietskasernen mit trostlosen kleinen Vorgärten.

Schweitzer stieg vom Rad und ging auf ein Haus zu. Auf der Treppe saßen Kinder. Sie waren mager und bleich. Im Hausgang roch es nach Kohl und Wäsche. Schweitzer stieg auf der ausgetretenen Holztreppe ins dritte Stockwerk. Er klopfte an eine Wohnungstür. Eine Frau öffnete ihm. Sie hatte ein schmales, weißes Gesicht und rote Haare. Auf dem Arm trug sie ein Kind.

„Ah, der Herr Schweitzer!" sagte die Frau. Ihr Gesicht hellte sich auf. Sie lächelte. „Kommen Sie doch herein!" sagte sie. „Wie schön, daß Sie uns besuchen!"

In der Küche spielten drei weitere Kinder auf dem Boden. Sie versuchten, kleine Steine in eine halb zerbrochene Tasse zu werfen. Quer durch die Küche war eine Schnur gespannt, an der Windeln zum Trocknen aufgehängt waren. Auf dem Herd dampfte es aus einem Topf.

Die Frau wischte mit der Schürze über einen Küchenstuhl. Schweitzer setzte sich.

„Wie geht es Ihrem Mann?" fragte er.

„Ein wenig besser. Der Husten hat aufgehört. Aber er ist noch schwach. Der Arzt hat gesagt, daß er erst in ein paar Wochen nach Hause darf. Aber er wird noch lange nicht arbeiten können. Ich weiß nicht, ob wir die Wohnung behalten können."

Die Frau fing an zu weinen. Die Kinder hörten mit Spielen auf.

„Ich rede mit dem Hausmeister", sagte Albert Schweitzer. „Wir finden da schon einen Weg. Lassen Sie mich nur machen! Sind die Kinder gesund?"

„Gott sei Dank, ja!" antwortete die Frau und wischte sich mit der Schürze die Tränen aus dem Gesicht.

„Ich kann schon das ABC!“ rief das älteste der Kinder.

„Der Heinrich ist ein guter Schüler“, sagte die Mutter. „Der Lehrer lobt ihn.“

Heinrich strahlte.

Schweitzer zog einen Beutel aus der Tasche und legte einen Geldbetrag auf den Tisch. Die Frau bedankte sich.

„Sie müssen nicht mir danken“, sagte Schweitzer. „Wir Studenten von der Vereinigung Diaconat Thomana überbringen das Geld nur. Spenden tun es die alten Straßburger Familien.“

Albert dachte einen Moment an die Wohnungen der Bürger, bei denen er das Geld zusammenbettelte. Dort wurde er nie in einer Küche empfangen, in der Windeln hingen. Sondern da mußte er im vornehmen Salon einer vornehmen Dame über seine Fürsorgetätigkeit berichten. Die Damen fanden es schön, daß junge Studenten freiwillig im Diaconat Thomana mitarbeiteten. Sie spendeten auch oft etwas. Und doch waren für Schweitzer diese Bittgänge peinlich. Am Anfang war er forsch aufgetreten. „Es ist doch die Pflicht der Reichen, etwas für die Armen zu tun!“ hatte er gedacht. Aber mit der Zeit hatte er gelernt, daß er mit Takt und Freundlichkeit mehr Erfolg hatte.

Schweitzer stand auf.

„Könnten Sie noch im ersten Stock anklopfen?“ fragte die Frau. „Die Familie ist ganz durcheinander. Der Mann ist ein Trinker. Er trägt das ganze Geld vom Zahltag ins Wirtshaus. Und die älteste Tochter erwartet ein Kind. Ihr Freund ist verschwunden.“

„Ich will vorbeigehen“, sagte Schweitzer. „Und in drei oder vier Wochen melde ich mich wieder bei Ihnen. Ich hoffe, daß bis dahin Ihr Mann wieder zu Hause ist.“

Einige Zeit später verbrachte Albert seine Pfingstferien in Günsbach. Er war jetzt einundzwanzig Jahre alt und hatte sich einen großen Schnurrbart wachsen lassen. Der war genau so wild wie seine Kopfhaare.

An einem Morgen erwachte er, als die Sonne ins Zimmer schien. Noch war es ruhig im Dorf. Nur die Vögel pfiffen, und irgendwo bellte ein Hund. Im Garten des Nachbarn gackerten die Hühner.

Albert war glücklich. Er hatte ein wunderbares Zuhause. Sein Vater war ihm zum besten Freund geworden. Er hatte jeden Tag genug zu essen. Er durfte studieren und Orgelspielen. Das Lernen machte ihm Freude.

„Warum wird mir so viel geschenkt?" dachte er. „Und warum gibt es Menschen, die das alles nicht haben? Kinder, die früh in die Fabriken arbeiten gehen müssen, um Geld zu verdienen, weil ihre Familien arm sind? Kinder, die ohne Vater oder überhaupt ohne Eltern aufwachsen?"

Albert lag lange still da.

Dann legte er ein Gelübde ab.

„Bis ich dreißig Jahre alt bin", sagte er zu sich, „will ich für mich leben. Ich will studieren und Orgel spielen. Ich will Bücher schreiben und Konzerte geben. Aber wenn ich dreißig Jahre alt bin, dann will ich für die andern da sein. Für Menschen, denen es nicht so gut geht wie mir."

Im Haus wurde es lebendig. Die Magd hantierte in der Küche mit den Töpfen. Der neunjährige Paul sprang im Garten umher. Die Freunde aus Straßburg, die er in die Ferien hatte mitbringen dürfen, lachten im Nebenzimmer.

Albert stand auf.

Er redete mit niemandem über sein Gelübde. Nur Gott und er wußten davon.

Im

Achten Kapitel

wird von einem Professor, der Regenwürmer aufliest, von einem Pfarrer, der Arzt werden will und von einer jungen Frau namens Helen, die das alles versteht, erzählt.

Sieben Jahre waren vergangen, seit Albert Schweitzer sein Gelübde abgelegt hatte. Aus dem Studenten war ein Professor an der Universität Straßburg geworden.

In einer Wirtschaft der Straßburger Altstadt saßen drei Studenten am runden Holztisch. Einer der Herren Professoren war erkrankt. Seine Vorlesung war ausgefallen. Jetzt konnten die Studenten ein wenig feiern. Einer mit einem blonden Wuschelkopf stimmte ein Studentenlied an. Die andern beiden sangen mit:

„Der Herr Professor
liest heut' kein Collegium,
drum ist es besser,
man trinkt eins rum!"

Sie lachten. Sie stießen mit den Gläsern an. Sie tranken. Der Wirt hinter dem Schanktisch schmunzelte.

„Darf es noch ein Krüglein sein?" fragte er.

Einer zog seine Uhr aus der Westentasche und hielt sie vor seine Brille. „Nein", sagte er. „Es reicht nicht mehr. In einer halben Stunde haben wir Vorlesung bei Professor Schweitzer."

„Wenn der Schweitzer doch auch einmal krank wäre!" sagte

der Wuschelkopf. „Nichts Ernsthaftes! Nur einen rechten Schnupfen müßte er haben. Oder ein wenig Halsweh! Damit wenigstens einmal eine einzige seiner Stunden ausfallen würde!"

„Der Schweitzer wird nicht krank", rief der mit der Brille. „Der ist jahraus, jahrein gesund wie ein Fisch im Wasser!"

„Woher weißt du das?"

„Daß ein Fisch gesund ist?"

„Nein, das von Professor Schweitzer!"

„Das weiß jeder, der im Thomasstift wohnt. Schweitzer hat ja schon als Student dort gewohnt. Jetzt ist er Direktor des Stifts! In seiner Wohnung brennt fast jede Nacht das Licht. Er arbeitet meist bis in den Morgen hinein. Aber am andern Tag ist er so frisch, wie wenn er zehn Stunden geschlafen hätte!"

„Was arbeitet er denn so viel?"

„Ich weiß nicht, ob ich alles zusammenbringe", antwortete der mit der Brille. „Also: erstens ist er Theologieprofessor. Zweitens ist er Vikar an der Sankt-Nicolai-Kirche in Straßburg. Ich gehe fast jeden Sonntag zu ihm in den Gottesdienst. Seine Predigten sind ausgezeichnet. Keine dauert länger als zehn Minuten!"

„Das ist viel zu wenig für eine Predigt!"

„Quatsch!" ereiferte sich der mit der Brille. „Schweitzer sagt in zehn Minuten mehr als ein anderer Pfarrer in einer Stunde. Außerdem habe ich bei ihm im Gottesdienst noch nie jemanden schlafen gesehen! Drittens ist Schweitzer Doktor der Philosophie und viertens, wie ich schon sagte, Direktor des Thomasstifts. Und er ist ein guter Direktor! Wenn wir Studenten etwas auf dem Herzen haben, hat er immer Zeit für uns. Fünftens spielt Schweitzer Orgel. Er gibt in vielen Ländern Konzerte: in Frankreich, in Deutschland, in Spa-

nien. Sechstens schreibt er ein Buch über Johann Sebastian Bach...“

„...und siebtens ist er ein wenig verrückt“, rief der Dritte. „Da ist doch letzthin nach einem Gewitter der Parkweg voll von Regenwürmern gewesen. Schweitzer ist vor mir durch den Park gegangen. Ab und zu hat er sich gebückt und etwas aufgelesen. Ich schau genauer hin und seh, daß er einen Regenwurm in der Hand hat und ihn ins Gras legt. Da hab ich meinen ganzen Mut zusammengenommen, bin zu ihm hingegangen und habe gesagt: Entschuldigen Sie die Frage, Herr Professor! Warum tragen Sie Würmer umher? — Weil, hat mir Schweitzer zur Antwort gegeben, — weil bald wieder die Sonne scheint. Und dann verdorren die Würmer qualvoll auf dem Asphaltweg. Wenn ich Sie ins Gras lege, können sie sich in den feuchten weichen Boden bohren und bleiben am Leben. — Aber, Herr Professor! habe ich gesagt, Sie können doch nicht alle Würmer ins Gras tragen! Da müßten Sie den ganzen Tag im Park verbringen! Da hat Schweitzer gelacht und gesagt: Sie haben recht! Das kann ich nicht! Aber wenn ich auch nur einen einzigen Wurm rette, dann ist das ein Lebewesen weniger, das leiden muß!“

„Das finde ich gar nicht verrückt“, sagte der Wuschelkopf. „Schweitzer hat eben ein mitfühlendes Herz für Tiere.“

„Verrückt oder nicht“, rief der mit der Brille. „Leert eure Gläser! Es ist Zeit für die Vorlesung bei Professor Schweitzer!“

Es war genau so, wie es die Studenten gesagt hatten. Albert Schweitzer arbeitete viel. Alle, die ihn kannten, dachten: „Er wird bald als Wissenschaftler und Künstler in der ganzen Welt bekannt sein!“ Aber niemand wußte, daß er seine Lebensaufgabe nicht im Orgelspielen und im Bücherschreiben suchte. Sondern daß er Menschen in Not helfen wollte.

Aber wie sollte er helfen? Und wo?

Einmal dachte er: „Ich will verlassene und verwahrloste Kinder aufnehmen und sie zu tüchtigen Menschen erziehen." Eines Morgens sah er auf seinem Schreibtisch ein kleines grünes Heft. Jemand hatte es hingelegt. Es waren Mitteilungen der Pariser Missionsgesellschaft.

Albert Schweitzer blätterte das Heft durch. Schon wollte er es wieder weglegen. Da fiel sein Blick auf eine Überschrift. „Was der Kongomission not tut!" stand da.

Schweitzer wußte, daß der Kongo früher ein mächtiges Negerreich in Afrika gewesen war. Jetzt gehörte ein Teil davon den Franzosen. Missionare aus Europa hatten dort Schulen und Krankenhäuser gebaut.

„Was tut der Mission im Kongo wohl besonders not?" dachte Schweitzer. „Sie wird Geld brauchen!"

Albert Schweitzer las den Aufsatz. Ein Missionar schrieb: „Es gibt im Kongo viel zu wenig Ärzte. Die Schwarzen leiden unter qualvollen Krankheiten."

Da sah Albert Schweitzer wieder den Neger auf dem Marsfeld vor sich. Jene Steinfigur, die in seiner Kindheit so wehmütig in die Ferne geschaut hatte.

Albert Schweitzer las weiter im Heft. „Vielleicht", schrieb der Missionar, „hat Jesus bereits Menschen auserwählt, um in Afrika Schwarze zu heilen. Menschen, zu denen Jesus im Herzen sagt: Ich brauche dich! Und die antworten: Ich mache mich auf den Weg, Herr!"

Albert Schweitzer saß einen Moment regungslos da. Und in diesem Augenblick wußte er: „Jesus ruft mich! Das ist jetzt meine Aufgabe für die zweite Hälfte meines Lebens! Ich muß Arzt werden! Ich muß in Afrika Menschen heilen und ihnen die Schmerzen lindern!“

Er faltete das grüne Heft zusammen und legte es beiseite. Ruhig begann er seine Arbeit. Er wußte: „Jetzt muß ich nicht mehr suchen! Ich weiß, was ich zu tun habe.“

Kurze Zeit später schrieb er Briefe an seine Eltern und an die nächsten Bekannten. In allen Briefen stand das gleiche: „Im Herbst fange ich an, Medizin zu studieren. Ich will Arzt werden, damit ich später in Afrika Kranke heilen kann.“

Alle, die den Brief bekamen, waren entsetzt. Seine Eltern machten sich Sorgen um ihn. „Du bist nicht mehr so jung“, sagten sie. „Afrika ist gefährlich. Viele Missionare sterben am Fieber, an Schlangenbissen, am Sonnenstich!“

„Der Albert ist verrückt geworden“, sagten ein paar andere. „Er ist auf dem besten Weg, ein weltberühmter Gelehrter zu werden. Und jetzt will er seinen Beruf und seine Kunst an den Nagel hängen!“

„Es hat doch keinen Sinn, nach Afrika zu gehen“, meinte wieder ein anderer. „Die Leute, die im Urwald leben, sind viel abgehärteter als wir. Die spüren den Schmerz nicht so sehr wie die Weißen.“

Albert Schweitzer schüttelte den Kopf. „Ihr lest doch alle in der Bibel“, antwortete er. „Und in der Bibel steht, daß Jesus Menschen in seinen Dienst ruft. Warum soll er nicht auch mich rufen?“

„Er hat dich schon lange gerufen“, antwortete einer. „Er hat dich an die Universität gerufen. Er will, daß du die Studenten lehrst! Er will, daß du Gottes Wort am Sonntag predigst! Er will, daß du zu seinem Lob auf der Orgel spielst! Das alles will Jesus von dir. Darum hat er dir auch deine Begabung dazu mitgegeben.“

Albert Schweitzer konnte darauf keine Antwort geben. Aber er dachte wieder an seine Kinderzeit. An den neuen Wintermantel! Er hatte sich geweigert, ihn anzuziehen. Er hatte von seinem Vater eine Ohrfeige bekommen. Aber er war standhaft geblieben. Und wie war es beim Vögelschießen gewesen? Auch damals hatte er sich nicht um die Meinung der andern gekümmert! Er war seiner inneren Stimme gefolgt. So blieb er auch jetzt bei seinem Entschluß, selbst wenn ihn niemand verstand.

Doch: jemand verstand ihn. Eine junge Lehrerin. Sie hieß Helen Breßlau. Sie kam oft zu ihm in den Gottesdienst.

„Herr Pfarrer", sagte sie einmal zu ihm. „In ihren Predigten kommen manchmal Sätze vor, die zu lang und zu schwer sind für die Zuhörer."

„Dann müßte jemand meine Predigtentwürfe durchlesen und mich auf solche schwierigen Sätze aufmerksam machen, Fräulein Breßlau."

„Wenn Sie wollen, Herr Pfarrer, will ich es tun."

So las Helen Breßlau Schweitzers Predigten durch. Später verbesserte sie auch die Handschriften von Schweitzers Büchern. Wie Albert Schweitzer, so wollte auch Helen Breßlau Menschen in Not helfen. Sie betreute in Straßburg Waisenkinder. Eines Tages sagte Albert Schweitzer auch ihr, daß er als Arzt nach Afrika gehen wolle.

„Das ist ein guter Plan", antwortete Helen Breßlau.

Albert Schweitzer und Helen Breßlau sahen einander selten. Beide arbeiteten hart. Aber die Achtung voreinander und die Liebe zueinander wurden immer größer.

Als Schweitzer dreißig Jahre alt war, fing er an, Medizin zu studieren. Mit andern Studenten saß er wieder auf der Schulbank. Diese Studenten waren viel jünger als er. Sie dachten:

„Was ist das für ein alter Schüler, der dort vorne sitzt?“ Wie erstaunt waren sie, als sie hörten, daß der alte Schüler ein Professor war! Schweitzer blieb neben dem Medizinstudium weiterhin Professor für die Theologiestudenten. So war er gleichzeitig Lehrer und Schüler an der Universität Straßburg.

Auch Helen Breßlau lernte einen neuen Beruf. Sie ließ sich als Krankenschwester ausbilden.

Was Lambarene heißt, wie Albert Schweitzer dazu kam, an diesen Ort zu gehen und was er alles tun mußte, bis es soweit war, das wird im

NEUNTEN KAPITEL

erzählt.

Gegen Ende des Medizinstudiums mußte Albert Schweitzer im Spital arbeiten und bei Operationen mithelfen. Eines Tages sprach ihn im Krankenhaus eine schlanke junge Frau an. Sie hatte eine weiße Schürze umgebunden und eine Haube auf dem Kopf.

„Entschuldigen Sie, Herr Doktor Schweitzer!"

„Ja, Schwester?"

„Ich bin keine Schwester", sagte die Frau. „Ich bin die Frau von Missionar Morel. Vor ein paar Wochen sind wir aus Afrika nach Straßburg gekommen. Ich benutze den Urlaub, um hier im Spital einen Kurs zu besuchen.

„Afrika interessiert mich", antwortete Schweitzer. „Auf welcher Missionsstation arbeiten Sie denn?"

„Mein Mann und ich sind seit drei Jahren im französischen Kongo. Die Missionsstation heißt Lambarene. Sie liegt am Ogowefluß, der vom Innern Afrikas ans Meer fließt. Es gibt am Ober- und Unterlauf des Ogowe viele Dörfer mit ungezählten kranken Menschen."

„Hat es denn keine Ärzte dort?" wollte Schweitzer wissen.

„Es gibt im ganzen Gebiet nur einen einzigen Arzt. Er wohnt in der Hauptstadt der Kolonie, in Libreville. Libreville liegt am Meer, viele Tagesreisen von Lambarene entfernt. Um unsern Kranken ein wenig helfen zu können, besuche ich den Kurs hier."

„Und warum erzählen Sie das gerade mir, Frau Morel?"

Die Frau des Missionars lächelte. „Ich habe gehört, daß Sie als Missionsarzt nach Afrika gehen wollen. Besuchen Sie doch in den nächsten Tagen meinen Mann! Er wird Ihnen alles über Lambarene erzählen!"

Ein paar Tage später trafen sich Albert Schweitzer und Herr Morel. Beide waren etwa gleich alt. Missionar Morel trug einen Spitzbart.

„Meine Frau", begann Herr Morel, „hat es Ihnen bereits gesagt. Wir brauchen in Lambarene dringend einen Arzt. Es gibt so viele Kranke dort: Aussätzige, Blinde, Bruchleidende, Verkrüppelte. Ganz besonders erschreckend aber breitet sich in letzter Zeit die Schlafkrankheit aus. In einem Dorf am Oberlauf des Ogowe haben vor zwei Jahren zweitausend Menschen gelebt. Heute sind es noch fünfhundert. Alle andern hat diese furchtbare Krankheit dahingerafft. Aber nicht nur die Schwarzen leiden darunter, sondern auch viele Weiße, die am Ogowe leben."

„Was arbeiten die Menschen denn?" wollte Schweitzer wissen. „Gibt es Pflanzungen am Fluß?"

„Am Unterlauf des Ogowe gedeihen Kaffee, Pfeffer, Zimt, Vanille und Kakao", antwortete Missionar Morel. „Aber die Europäer treiben fast nur Holzhandel. Am Holz verdienen sie mehr als am Kaffee. Die Händler fällen die Bäume am Rand des Urwaldes und flößen die Stämme bis ans Meer. Dort werden sie von den großen Dampfern gleich an Bord genommen."

„Und wie vertragen die Europäer das Klima?"

„Lambarene liegt etwas südlich vom Äquator. Es ist dort Winter, wenn hier in Europa Sommer ist. Der Winter dauert von Ende Mai bis Anfang Oktober. Das ist die trockene Jahreszeit. Dann, im Sommer, fängt die Regenzeit an. Sie dauert vom Oktober bis Mai. Jeden Tag gehen schwere Gewitter über dem Urwald nieder. Die Luft ist heiß und feucht. Sie macht die Menschen müde. Die meisten Europäer werden schon nach einem Jahr krank. Meist leiden sie an Blutarmut."

„Erzählen Sie mir noch etwas über die Missionsstation, Herr Morel", bat Schweitzer. „Wie viele Häuser hat es dort? Gibt es bereits ein Spital? Wo könnte ich wohnen?"

„Die Station liegt auf drei Hügeln, nahe am Flußufer", sagte Herr Morel. „Das große Missionshaus und die Knabenschule sind auf den linken Hügel gebaut. Auf dem rechten Hügel steht die Mädchenschule. Und auf dem mittleren Hügel befindet sich ein kleineres Haus. Es ist, wie alle andern, aus Holz gebaut. In dieser Hütte könnten Sie wohnen. Ein Spital gibt es nicht. Noch nicht einmal einen Untersuchungsraum. Aber die Missionsgesellschaft wird dafür sorgen, daß all das gebaut wird. Sofern ein Arzt kommt."

Missionar Morel schwieg.

„Da ist noch etwas", sagte er dann. „Die Einrichtungen, die Medikamente, die Arztinstrumente — das alles kostet viel Geld. Dazu kommen noch die Löhne. Ein Arzt braucht Krankenschwestern und Helfer. Ich weiß nicht..."

„Wenn ich nach Lambarene komme", fiel ihm Schweitzer ins Wort, „dann können Sie das meine Sorge sein lassen. Eine Krankenschwester habe ich bereits: Fräulein Breßlau, meine zukünftige Frau. Nächstes Jahr heiraten wir. Sie wird mich nach Afrika begleiten. Was wir zum Leben brauchen, dafür kommen wir selber auf. Die Arztinstrumente und Medikamente werde ich aus meinem Ersparten kaufen, und alles übrige bettle ich zusammen. Das Betteln habe ich nämlich schon als Student gelernt. Die Missionsgesellschaft wird also keine Kosten haben."

„Das wäre wunderbar", sagte Herr Morel. „Ich muß Ihnen zum Schluß noch etwas über den Stamm der Galoa erzählen. Diese Schwarzen haben von alters her am Ogowefluß gewohnt. Sie sind geschickte Fischer und Schiffsleute gewesen. Aber eines Tages sind die Fang gekommen, ein kriegerischer Stamm aus dem Innern des Landes. Die Fang haben die Galoa immer wieder überfallen. Sie haben getötet und geraubt. Da haben die Galoa eines Tages ihre Habseligkeiten in Schiffe gepackt und sind — Alt und Jung — auf eine große waldige Insel im Ogowefluß geflüchtet. Als sie dort angekommen sind, haben sie zueinander gesagt: Lambareni! Das heißt: Wir wollen es versuchen! Wir wollen versuchen, hier ein neues Dorf aufzubauen und im Frieden zu leben. So ist Lambarene zum Hauptort des Stammes der Galoa geworden."

Herr Morel schwieg einen Moment. Dann sagte er: „Es würde ein großer Segen sein, wenn Sie nach Lambarene kommen könnten."

Albert Schweitzer lächelte. „Sie sind ein Elsässer wie ich, Herr Morel", sagte er. „Ich habe Vertrauen zu Ihnen. Ich werde zusammen mit meiner Frau nach Lambarene kommen. Lambareni! Wir wollen es versuchen."

Ein halbes Jahr später.

Früh war es dunkel geworden. In den Straßen brannten die elektrischen Laternen. Kutscher trieben ihre Pferde zur Eile. Männer und Frauen in warmen Wintermänteln strebten heimzu. Aus einem Haus tönte der Klang einer Blockflöte. Irgend jemand übte Weihnachtslieder, denn in einer Woche war Heiliger Abend.

Aus dem Portal des Straßburger Spitals traten zwei Männer in das Dunkel des Winterabends.

„Ich gratuliere Ihnen, Herr Professor Schweitzer", sagte der ältere. „Sie haben das Examen bestanden."

Albert Schweitzer gab keine Antwort. Die furchtbare Anstrengung des Medizinstudiums lag hinter ihm. Aber er konnte es einfach nicht glauben. „Träume ich oder bin ich wach?" fragte er sich. Er kniff sich in den Arm. Er spürte den Schmerz. „Also bin ich wach!" dachte er. „Und wenn ich wach bin, dann gibt es keinen Zweifel: Ich bin jetzt wirklich Arzt."

„Nur weil Sie eine so gute Gesundheit haben", sagte der Professor, „konnten Sie neben allen andern Arbeiten so etwas fertigbringen."

Albert Schweitzer war schrecklich müde. Über Weihnachten fuhr er nach Günsbach und ruhte sich aus.

Dann aber mußte er mit den Vorbereitungen für Afrika anfangen. Er fuhr nach Paris, um sich noch extra für Krankheiten, die nur in den Tropen vorkamen, auszubilden. Im Sommer heirateten Helen Breßlau und er. Miteinander studierten sie unzählige Kataloge und kauften alles ein, was sie als Arzt und Krankenschwester brauchen würden: Fieberthermometer, Verbandstoffe, Salben, Medikamente, Scheren, Pinzetten, Spritzen, Instrumente zum Operieren. Aber auch an den eigenen Haushalt mußten sie denken. Das war gar nicht einfach. Was brauchte man in Afrika? Was nicht? Das Leben dort war ja ganz anders als in Europa! Die Kisten, in denen sich alle diese Waren sammelten, füllten sich. Bekannte halfen den beiden beim Einpacken. Zuletzt waren es siebzig Kisten. Auf jede pinselte Albert Schweitzer mit großen Buchstaben und einer Farbe, die man nicht auswischen konnte: A.S.B. — Albert Schweitzer-Breßlau.

All das kostete viel Geld. Am Anfang seines Medizinstudiums

war Schweitzer arm gewesen. Aber dann hatte er das Buch über Johann Sebastian Bach geschrieben. Viele Menschen hatten das Buch gekauft. Schweitzer bekam dafür Geld, und später sagte er manchmal: „Johann Sebastian Bach hat mitgeholfen, das Spital in Lambarene zu bauen!" Auch mit den Konzerten hatte er Geld verdient. Wie oft mußte er an die gute Tante Sophie in Mülhausen denken. Das Klavierspielen war ihm damals zuwider gewesen. Aber die Tante hatte nicht nachgegeben. „Marsch ans Klavier!" hatte sie befohlen. „Du weißt nicht, wozu dir die Musik einmal im Leben gut sein wird!"

Noch etwas anderes nahm Schweitzer nach Lambarene mit. In eine ganz besondere Kiste packte er ein Klavier. Die Gesellschaft für Bachkonzerte hatte es extra für die Tropen bauen lassen. Es hatte Pedale wie eine Orgel. „Wir schenken es Ihnen, Doktor Schweitzer", hatten die Leute von der Bachgesellschaft gesagt, „weil Sie in unseren Konzerten mitgewirkt haben und damit Sie im Urwald das Spielen nicht verlernen."

Albert Schweitzer machte auch viele Bittgänge bei Verwandten und Freunden. Nicht alle gaben ihm etwas. Besonders aber freute es ihn, daß die Professoren der Universität, die Gemeindeglieder von Sankt-Nicolai, wo er Pfarrer gewesen war, und viele Kirchgemeinden im Elsaß Geld spendeten. Aber alles Geld durfte er nicht jetzt schon ausgeben. In Afrika würde er noch einiges brauchen!

Eines Abends kam er mit einem Säcklein voll Goldstücken nach Hause.

„Was willst du mit dem Gold?" fragte Frau Schweitzer.

„Ich nehme es mit nach Afrika", antwortete ihr Mann.

„Das ist doch viel zu umständlich!" sagte Frau Schweitzer. „Banknoten sind leichter, handlicher und brauchen weniger Platz."

„Wer weiß, ob es nicht bald Krieg gibt", sagte ihr Mann. „Deutschland rüstet, Frankreich rüstet, Rußland rüstet. Statt Liebe predigen manche Staatsmänner Haß! Wenn es Krieg gibt, dann verliert das Papiergeld seinen Wert. Aber das Gold behält ihn."

Frau Schweitzer schüttelte den Kopf. „Was habe ich nur für einen Mann. Pfarrer ist er. Professor ist er. Organist ist er. Arzt ist er. Und jetzt will er auch noch Bankier sein."

Albert Schweitzer lachte.

„Edel sei der Mensch", sagte er, „hilfreich und — schlau!"

Was Albert und Helen Schweitzer auf ihrer vierwöchigen Fahrt von Günsbach nach Lambarene alles erleben und sehen; von Zöllnern, Haifischflossen und Affenschwänzen — davon erzählt das

ZEHNTE KAPITEL

Es war Karfreitag. Der Tag, an dem Jesus am Kreuz gestorben war.

Die Glocken der Kirche Günsbach läuteten den Nachmittagsgottesdienst aus. Pfarrer Schweitzer verließ die Kirche. Er hatte es eilig. Pfiff nicht schon von weitem der Zug?

Auf dem kleinen Bahnhof wartete bereits die ganze Familie. Da stand die Mutter. Ihr Haar war weiß geworden wie dasjenige des Pfarrers. Dann waren auch die Kinder da: Luise, Adele, Marguerite, Paul. Alle waren erwachsen und hatten zum Teil selber schon Kinder. Und inmitten aller: Albert und seine Frau.

Viel gab es nicht mehr zu reden.

„Helen und ich kommen alle zwei Jahre für ein paar Monate nach Günsbach ins Pfarrhaus", sagte Albert zu den Eltern. „Da können wir uns am allerbesten von der anstrengenden Arbeit in Afrika erholen!"

Jetzt keuchte der Zug um die Biegung am Waldrand. Albert und seine Frau nahmen Abschied. Sie stellten sich auf die Plattform des hintersten Wagens. Der Bahnhofvorstand hob die Kelle. Die Lokomotive schnaubte. Langsam rollte der Zug an.

Sie winkten einander. Vater, Mutter und Geschwister wurden immer kleiner. Noch einmal tauchte die Spitze des Kirchturms über den Bäumen auf. Auf der andern Seite lag der Schloßwald. Und dort oben war der Kranzrain, wo Albert so oft mit Phylax gesessen war.

Da war Günsbach verschwunden. Sie fuhren über Colmar nach Straßburg. In Paris besuchte Schweitzer noch einmal seinen Orgellehrer Charles-Marie Widor. Dann ging es weiter mit der Eisenbahn, dem Meer zu, nach Bordeaux.

„Ich habe siebzig Kisten vorausgeschickt", sagte Albert Schweitzer am Ostermontag beim Bahnhof Bordeaux zum Zöllner. „Sie müssen bei Ihnen in der Zollhalle sein."

„Tut mir leid, Monsieur", antwortete der Zöllner. „Aber die Kisten können Sie jetzt nicht verzollen. Am Ostermontag arbeitet niemand auf dem Büro."

„Aber morgen ist es zu spät!" sagte Albert Schweitzer. „Das Schiff läuft früh aus. Wir müssen heute abend noch an Bord."

Der Zöllner zuckte die Achseln.

Schweitzer wurde vor Zorn rot im Gesicht. „Diese sinnlosen Grenzen!" schimpfte er. „Dieser himmeltraurige Zoll! Macht alles noch komplizierter, als es schon ist! Ich muß die Kisten haben! Und zwar sofort! Hören Sie: Sofort!" Er stampfte auf den Boden.

„Du hast mir einmal gesagt, daß man mit Geduld und Güte weiter kommt als mit Schreien und Schimpfen", sagte Helen Schweitzer zu ihrem Mann.

Der Doktor beruhigte sich. „In den Kisten sind Arztinstrumente", sagte er zum Zöllner. „Und Medikamente. In Afrika warten kranke Menschen auf uns. Wir müssen morgen früh die Kisten an Bord haben."

„Ich will sehen, ob ich Ihnen helfen kann“, antwortete der Zöllner.

Als er vom Telefon zurückkam, lächelte er. „Der Chef ist einverstanden. Ich darf Ihnen die Kisten herausgeben. Aber nur, weil Sie Arzt sind und nach Afrika fahren.“

Schweitzer bedankte sich. „Entschuldigen Sie meinen Ausbruch von vorhin! Es war nicht so gemeint! Sie sind der freundlichste Zöllner von Frankreich!“

Dann trieb er ein paar Dienstmänner auf.

„Wir können die Kisten nicht mit dem Handwagen zum Zug bringen“, sagte einer. „Das geht viel zu langsam.“

Endlich fand Schweitzer zwei Automobile. Die Chauffeure fuhren zwischen der Zollhalle und dem Zug hin und her. Mehr als zwei, drei Kisten konnten sie aufs Mal nicht laden.

„Schneller! Schneller!“ rief Schweitzer. „Sonst fährt uns der Zug ab!“

Zuletzt stiegen seine Frau und er in eines der Autos. In letzter Minute erreichten sie den Zug. Erschöpft sanken sie auf die Holzbänke.

„Das fängt ja gut an!“ stöhnte der Doktor.

Anderthalb Stunden später erreichten sie den Hafen. Zwischen Kisten, Ballen, Fässern und Kranen bahnten sie sich einen Weg zu ihrem Schiff. Endlich kamen sie über einen engen Steg an Bord des Dampfers „Europe“.

„Jetzt kann unsere Ferienreise beginnen“, sagte Albert Schweitzer zu seiner Frau.

„Du und Ferien!“ lachte Helen Schweitzer. Sie kannte ihren Mann. Und sie behielt recht. Der Doktor benützte die drei Wochen, in denen die „Europe“ auf dem Ozean nach Süden dampfte, um zu arbeiten.

„Könnten Sie mit mir jeden Tag zwei Stunden über Krankheiten in den Tropen reden?“ bat er einen Arzt an Bord, der schon zwölf Jahre in Afrika gearbeitet hatte. Der Arzt war einverstanden.

Dann gab es auch viele Briefe zu schreiben. Vor allem mußte er all denen danken, die ihm Geld für das Spital gegeben hatten. Auf dem Schiff war eine Kabine als Schreibzimmer eingerichtet. Aber manchmal — besonders, wenn ihm die Hand vom Schreiben wehtat — blickte Schweitzer vom Schreibtisch zum Fenster hinaus auf das weite Meer und die Wellen. Zuerst hatten kreischende Möwen die „Europe“ begleitet. Doch dann waren sie zurückgeblieben.

Aber dort: Was war das für ein seltsamer, bläulicher Vogel, der so elegant über das Wasser schwebte? Schweitzer ging an Deck.

„Das ist kein Vogel, Docteur“, belehrte ihn der Matrose. „Das ist ein fliegender Fisch!“

Ein andermal riefen von draußen Stimmen: „Der Hai! Der Hai!“ Schweitzer stürzte aus dem Zimmer. Die Passagiere standen an der Reling und zeigten auf ein schwarzes Dreieck. Es ragte aus dem Wasser und kam auf das Schiff zu. Jetzt glitt der Schatten des Raubfisches an der Bordwand entlang. Nur die Rückenflosse schaute aus dem Wasser.

Einmal kam ein schwerer Sturm auf. Das Schiff schwankte vorwärts, rückwärts, auf die linke und auf die rechte Seite. Der Doktor und seine Frau hatten vergessen, ihre beiden Koffer in der Kabine festzubinden. Jetzt, mitten in der Nacht, rutschten die Gepäckstücke samt der Hutschachtel mit den Tropenhelmen von einer Kabinenwand zur andern. Im Speisesaal ging Geschirr in Brüche. Die Köche konnten kein Feuer anzünden. Es gab nur kaltes Essen. Aber auch das mußte wieder abgetragen werden. Niemand aß. Alle waren seekrank.

Dann wurde das Meer wieder ruhig.Die Sonne schien, und eines Morgens kamen alle Passagiere mit weißen Kleidern und mit dem Tropenhelm auf dem Kopf an Deck.

„So heiß ist es nun doch noch nicht", sagte der Doktor zu seiner Frau, „daß ich den Tropenhelm brauche." Am Abend spazierte er als einziger in seiner gewohnten Kleidung über Deck. Der Wind pfiff ihm durch sein wirres Haar. Wie ein rotglühender Ball sank die Sonne ins Meer.

Da klopfte ihm ein Passagier auf die Schulter. „Von heute an müssen Sie einen Helm tragen, Doktor!" sagte der Mann. „Auch wenn es nicht besonders heiß ist, können Sie einen tödlichen Sonnenstich bekommen. Selbst wenn die Sonne ganz tief steht, oder wenn Wolken sie verdecken, sind ihre Strahlen gefährlich."

Am andern Tag trugen auch Schweitzers Tropenkleidung.

Nach drei Wochen Fahrt warf die „Europe" vor Kap Lopez ihre Anker. Der Ort lag auf einer Insel an der Mündung des Ogowe-Flusses. Der Fluß war breit und hatte viele Arme.

Boote brachten Schweitzer und seine Frau samt den Kisten vom Schiff an Land. Am Flußufer lag ein breites, flaches Dampfboot. „Alembe" stand in großen Buchstaben am Bug angeschrieben. Am Heck hinten hatte die „Alembe" zwei Schaufelräder.

„In Europa sind die Antriebsräder auf der Seite der Schiffe angebracht", erklärte ein Holzhändler dem Doktor. „Hier auf dem Ogowe befinden sie sich hinten. Dort sind sie besser vor den Baumstämmen geschützt, die manchmal den Fluß hinuntertreiben."

Jetzt begann die Fahrt ins Innere Afrikas. Die Dampfmaschinen der „Alembe" arbeiteten. Aus dem Kamin quoll dunkler Rauch und zog hinter dem Schiff her wie eine lange Fahne.

Bald verschwand Kap Lopez. Zu beiden Seiten des Flusses gab es jetzt nur noch Urwald. Wo hörte aber das Wasser auf? Wo fing der Wald an? Man konnte es nicht wissen. Mächtige Laubbäume streckten ihre Wurzeln in den Fluß hinein. Dazwischen standen Riesenpalmen. Ein dickes Gewebe von Lianen hing in den Strom. Dann kam ein ganzes Feld von hohen Papyrusstauden. Dort war ein vermoderter Baum halb ins Wasser gefallen. Ein Reiher schwang sich schwerfällig in die Luft. Kleine Vögel schwirrten über das Wasser.

„Schau!" sagte Frau Schweitzer zu ihrem Mann. „Dort hängt etwas Langes von der Palme herunter und bewegt sich!"

Der Feldstecher* löste das Rätsel. Es waren Affenschwänze. Schon zeigten sich auch ihre Besitzer. „Kein Zweifel, wir sind wirklich in Afrika", sagte Schweitzer.

Die feuchte Hitze und das eintönige Motorengeräusch hatten ihn müde gemacht. Er nickte auf seinem Lehnstuhl ein. Als er wieder erwachte, hatte sich die Landschaft nicht geändert. Noch immer sah man nur Wasser und Urwald und darüber den Himmel.

Doch: Dort am Ufer standen viele verlassene und zerfallene Hütten!

„Als ich vor zwanzig Jahren hierher gekommen bin", sagte ein Kaufmann, der neben Schweitzer saß, „ist das noch ein blühendes Dorf mit fröhlichen Menschen gewesen."

„Warum wohnt niemand mehr da?"

Der Kaufmann zuckte die Achseln. „Man hat den Schwarzen Schnaps verkauft. Sie sind ins Trinken gekommen. Sie haben nichts mehr gearbeitet. Sie sind krank geworden. So sind die Dörfer ausgestorben."

---

* Anderes Wort für Fernglas.

Am Nachmittag des zweiten Tages tauchte hinter einer Flußbiegung die Schiffsstation von Lambarene auf. Am Ufer standen ein paar Baracken. Sie gehörten einer ausländischen Handelsgesellschaft.

Von der Missionsstation war niemand da. Schwarze luden Schweitzers Handgepäck aus. Die siebzig Kisten sollten mit einem späteren Boot kommen.

Plötzlich schoß ein langes, schmales Ruderboot stromabwärts. Hinten im Boot saß ein Weißer. Vorne standen kleine schwarze Knaben. Sie ruderten wie wild. Dazu sangen und lachten sie. Das Boot machte einen Bogen und landete.

Da kam ein zweites Boot mit größeren Knaben den glitzernden Strom heruntergeflitzt.

„Die Oberschüler haben das Rennen verloren!" riefen die Kleinen vom Ufer her. „Wir von der Unterschule sind schneller gewesen!"

Aus den Booten stiegen die Missionare Christol und Ellenberger. Sie begrüßten Albert Schweitzer und seine Frau.

„Wenn es Ihnen recht ist", sagte Herr Christol, „dann fahren wir gleich zur Missionsstation. He dort, ihr Oberschüler! Ladet das Gepäck des Doktors in euer Boot! Die Unterschüler dürfen den Doktor und seine Frau nach Lambarene rudern!"

Die Boote waren aus ausgehöhlten Baumstämmen gezimmert und schwankten beständig. Die Knaben ruderten mit der „Alembe", die weiter stromaufwärts fuhr, um die Wette. Nach einer halben Stunde bogen die Ruderer in einen Nebenarm des Ogowe ein. In der Ferne leuchteten ein paar helle Punkte auf einer Anhöhe: die Missionsstation von Lambarene. Die Knaben sangen immer lauter, ruderten immer schneller. Jetzt glitt das Boot in eine Bucht.

Alles war so, wie es Missionar Morel in Straßburg beschrieben hatte. Das kleine Holzhaus auf dem mittleren Hügel war mit Blumen und Palmzweigen geschmückt. Es stand auf eisernen Pfählen und hatte vier kleine Zimmer. Um das Haus herum zog sich eine Veranda.

Die Sonne ging unter. Bunte Lampions leuchteten auf. Unten schimmerte der Ogowe. Dunkel erhob sich hinter dem Hügel der Urwald. Irgendwo schrie ein Tier. Tausende von Grillen zirpten. Um die Laternen flogen Schwärme von Schaben.

Und mitten hinein in dieses Urwaldkonzert tönte vom Schulsaal auf dem andern Hügel ein Choral herüber, die die schwarzen Kinder zur Abendandacht sangen.

Kann man einen Hühnerstall in ein Spital verwandeln? Wer ist Josef? Was macht man mit Patienten, die ihre Medizin nicht schlucken wollen? Was sagt der Doktor, wenn ein Kranker nach der Operation aufwacht?
Im

ELFTEN KAPITEL

findet Ihr die Antworten auf diese Fragen.

Siebzig Kisten standen am Ufer des Ogowe. Da bekam eine der Kisten viele schwarze Beine. Wie ein Tausendfüßler bewegte sie sich den Hügel hinauf. Schon folgte ihr eine zweite Kiste. Jetzt sah der Doktor auch die dunklen Köpfe mit den gekrausten schwarzen Haaren neben den Kisten. Es waren die Schulkinder der Missionsstation. Sie trugen die Kisten ins Doktorhäuschen. Sie lachten und lärmten. „Jetzt bringen wir dem Doktor noch das Klavier!“ riefen sie. Aber das Klavier war viel zu schwer für sie. Da mußten die Erwachsenen zugreifen.

Kaum war das Notwendigste ausgepackt, trafen schon die ersten Kranken ein. Sie kamen mit der ganzen Familie zum Doktor. Die meisten fuhren in Einbäumen auf dem Ogowe nach Lambarene. Denn schnell war die Nachricht durch den Urwald gegangen: „In Lambarene gibt es einen weißen Oganga, einen Medizinmann. Er ist wie ein Zauberer. Er kann die Menschen krank machen. Er kann sie aber auch wieder gesund machen.“

„Wo ist mein Gehilfe?“ fragte Albert Schweitzer Herrn Christol.

Der Missionar zuckte die Schultern. „Vielleicht kommt er morgen. Vielleicht übermorgen. Vielleicht gar nicht.“

„Und wo ist meine Spitalbaracke?“

„Wir haben noch nicht einmal die Balken dafür zimmern können“, antwortete Herr Christol. „Die Schwarzen arbeiten im Holzhandel. Dort verdienen sie mehr als bei uns auf der Missionsstation.“

„Dann muß ich die Kranken im Freien behandeln“, sagte Albert Schweitzer.

Aber das war eine mühsame Sache. Jeden Morgen trugen der Doktor und seine Frau die Instrumente, den Verbandstoff und die Medikamente vor das Haus. Das Untersuchen und Pflegen der Kranken unter der heißen Sonne machte die beiden schrecklich müde. Gegen Abend kamen immer heftige Gewitter. Plötzlich regnete es in Strömen. Da mußten sie alles so schnell wie möglich auf die Veranda ins Trockene bringen.

„So geht das nicht weiter“, sagte Albert Schweitzer. „Gibt es denn auf der ganzen Missionsstation keinen einzigen Raum, der frei ist?“

„Keinen einzigen!“ antwortete Missionar Christol. „Außer dem kleinen Hühnerstall dort unter Ihrem Haus. Missionar Morel hat früher ein paar Hühner gehalten. Aber seit er fort ist, steht der Stall leer.“

„Dann ist ab übermorgen der Hühnerstall mein Spital“, sagte Schweitzer. Er übermalte die Wände im Stall und stellte eine Pritsche hinein. Der Raum war klein. Er hatte keine Fenster, und durch ein paar Löcher im Dach schien die Sonne. Der Doktor und seine Frau mußten den Tropenhelm tragen, wenn sie einen Patienten behandelten. Aber wenn es regnete, brauchten sie mit ihrer Arbeit nicht aufzuhören.

Eines Tages kam der schwarze Heilgehilfe nach Lambarene. Er hieß Josef. Josef war früher Koch gewesen.Er war sehr klug. Er beherrschte acht Negersprachen. Alles, was die Kranken

dem Doktor sagen wollten, übersetzte er ins Französische. Er sprach auch Englisch. Aber lesen und schreiben konnte er nicht. Trotzdem brachte er immer das rechte Medikament. Er hatte sich die Schriftbilder auf den Etiketten so gut gemerkt, daß er genau wußte, was in den Flaschen und Dosen war. So konnte er lesen, ohne die Buchstaben zu kennen.

Am Morgen warteten die Kranken auf den Bänken im Schatten des Doktorhäuschens vor dem Hühnerstall. Jeden Tag waren es dreißig bis fünfzig Patienten.

Da kam Josef. „Hört alle her!" rief er. „Wenn Ihr vom Doktor behandelt werden wollt, dann müßt Ihr Euch folgendes merken: Es ist verboten, in der Nähe des Doktorhäuschens auf den Boden zu spucken. Die Kranken müssen für einen Tag Nahrung bei sich haben, weil der Doktor vielleicht nicht alle schon heute untersuchen kann. Die Flaschen und die Blechschachteln, in denen Ihr die Medikamente bekommt, müßt Ihr wieder zurückgeben. Der Doktor braucht sie für andere Kranke."

Jedesmal, wenn Josef einen Satz gesagt hatte, nickten die Patienten. „Ja", sagten sie, „das wollen wir uns merken."

Dann brachte Josef den ersten Kranken in den Hühnerstall. Der Doktor untersuchte ihn. Der Kranke hatte einen Hautausschlag. Es juckte ihn fortwährend am ganzen Körper. Nachts konnte er nicht schlafen. Immer mußte er sich kratzen. Der ganze Körper war wund.

„Geh in den Fluß baden!" sagte der Doktor.

„Geh in den Fluß baden!" übersetzte Josef.

Der Kranke ging zum Ogowe hinunter. Die Kinder der Missionsschule waren auch schon am Ufer. Sie planschten im Wasser, spritzten sich gegenseitig an und lachten. Das Baden im lauwarmen Fluß war die einzige Erfrischung in der Hitze.

Der Kranke wusch sich. Als er zurück kam, bestrich der

Doktor seinen Körper mit einer Salbe. Albert Schweitzer hatte sie selber aus Medikamenten und Balsam gemischt. Die Salbe heilte den Hautausschlag. Der Patient war glücklich. Überall erzählte er, daß ihn die Salbe des weißen Doktors geheilt hatte. „Es juckt mich nicht mehr", sagte er. „Ich kann wieder schlafen."

Da Josef früher als Koch gearbeitet hatte, benutzte er auch für den menschlichen Körper die Ausdrücke, die man in der Küche für das Fleisch der Tiere brauchte.

„Diese Frau da", sagte er zum Doktor, „hat Schmerzen in den oberen linken Koteletten." Oder: „Diesem Mann tut das Filet weh."

Oft mußte ein Kranker ein Medikament einnehmen.

„Du darfst diese Flasche nicht auf einmal austrinken!" sagte der Doktor.

„Du darfst diese Flasche nicht auf einmal austrinken!" übersetzte Josef.

„Ich darf diese Flasche nicht auf einmal austrinken!" wiederholte der Kranke.

„Du mußt jeden Morgen und jeden Abend einen kleinen Schluck nehmen!" fuhr der Doktor fort.

Josef übersetzte, und der Kranke wiederholte: „Ich muß jeden Morgen und jeden Abend einen kleinen Schluck nehmen."

Aber meist hielten sich die Patienten nicht an das, was der Doktor befahl. Sie warfen die Tabletten weg und gossen die Flasche aus. Sie dachten: „Der Doktor ist ja ein Medizinmann. Medizinmänner heilen durch Zauber. Die Medikamente sind nicht wichtig."

Als Albert Schweitzer das merkte, mußten die Patienten unter seinen Augen das schlucken, was er ihnen verschrieben hatte.

Einmal brachten Angehörige einen jungen Mann nach Lambarene. Sein rechter Oberschenkel war gebrochen und zerfleischt. Er hatte auch viele andere Wunden am Körper.

Einer der Angehörigen erzählte: „Wir haben zu zweit im Ogowe gefischt. Dann sind wir mit dem Boot nach Hause gefahren. In der Nähe des Dorfes ist auf einmal ein Nilpferd aufgetaucht. Es ist wütend gewesen. Er hat unser Boot in die Höhe geworfen. Ich habe mich ans Ufer retten können. Aber den da hat das Nilpferd verfolgt. Immer wieder hat es ihn im Wasser angegriffen und verwundet. Nach einer halben Stunde hat er sich endlich ans Ufer retten können. Zwölf Stunden sind wir dann mit dem Boot hierher gefahren."

Der Doktor tat alles, um den Verwundeten zu retten. Aber nach ein paar Tagen starb er.

Albert Schweitzer arbeitete von morgens bis abends. Immer mehr Patienten kamen. Er fand keinen Platz mehr, um die Kranken unterzubringen. Die Missionare hatten ihm erlaubt, für die Kranken den Bootsschuppen zu benützen. Aber auch der Schuppen war jetzt überfüllt.

Endlich fand er ein paar Arbeiter. Er ließ in der Nähe des Flusses den Boden einebnen. Dann wurde eine Baracke gebaut. Sie hatte zwei größere und zwei kleinere Zimmer. Im vorderen Zimmer wurden die Kranken untersucht. Das hintere Zimmer war der„Operationssaal". In den kleinen Räumen waren die Apotheke und die Geräte untergebracht, in denen man die Messer, die Scheren, die Zangen, die Nadeln und alles, was man zur Operation brauchte, auskochte. Das war nötig, damit die Bazillen getötet wurden. Die Fenster der Baracke gingen bis unter das Dach. Die heiße Luft, die im Raum nach oben stieg, konnte so nach außen entweichen. Auf diese Weise war es in den Räumen immer ein wenig kühler als draußen.

Gleichzeitig baute der Doktor eine Wartehalle und eine große Hütte als Spital für die Kranken, die liegen mußten. Auch Josef bekam sein eigenes Haus. Die Hütten waren genau so angefertigt wie die Häuser der Schwarzen: aus Bambus, unbehauenem Holz und Palmblättern. Der Doktor griff selber zur Schaufel. Stundenlang war er auf dem Bauplatz. Dann fuhr er im Kanu in die umliegenden Dörfer. Er suchte Bambus und kaufte Blattziegel. So war er auch noch Architekt und Baumeister.

Als der Schlafraum fertig war, zeichnete Schweitzer mit einer spitzen Hacke sechzehn große Rechtecke auf den Lehmboden. Dann rief er die Kranken und ihre Angehörigen zu sich.

„Jedes Rechteck am Boden", sagte er, „bedeutet zwei Schlafstellen, und die Angehörigen bekommen ein Beil."

Josef übersetzte und verteilte die Beile.

„Und jetzt", fuhr Schweitzer fort, „geht ihr mit dem Beil in den Urwald und schlagt Holz. Und dann baut ihr für die Kranken die Betten."

Am Abend waren die Pritschen fertig. Sie standen auf starken Pfählen. Getrocknetes Gras diente als Matratzen. Die Betten waren so breit, daß immer zwei beieinander schlafen konnten.

„Auch die Angehörigen dürfen in der Baracke schlafen", sagte der Doktor. „Es soll so sein, wie ihr es zu Hause gewohnt seid. Aber Anrecht auf ein Bett haben zuerst die Kranken."

Albert Schweitzer verlangte von allen Kranken, daß sie etwas für die Behandlung bezahlten. Das brauchte nicht Geld zu sein. Manche bezahlten mit Bananen oder mit einem Huhn. Bald war der Hühnerstall wieder mit gackernden Hennen und einem krähenden Hahn besetzt. Der Onkel eines kranken Knaben zimmerte während zwei Wochen Schränke aus alten Kisten zusammen. Ein geheilter Patient schenkte dem Doktor eine

Peitsche, die er aus der Haut eines Nilpferdes gemacht hatte. Ein anderer überreichte ihm zwanzig Franken. „Ich habe das Geld bei meiner Verwandtschaft gesammelt“, sagte er. „Ich will dir damit den teuren Faden bezahlen, mit dem du mir den Bauch zusammengenäht hast.“

Eines Tages brachten Angehörige einen Mann im Kanu von weit her. Der Mann hatte einen eingeklemmten Bruch. Der Darm war verschlossen. Das tat furchtbar weh. Auf der ganzen Fahrt hatte der Kranke gestöhnt. Sein Körper war naß vom Schweiß. Albert Schweitzer legte ihm die Hand auf die Stirne.

„Du brauchst keine Angst zu haben“, sagte er zu ihm. „In einer Stunde schläfst du. Wenn du dann wieder erwachst, hast du keine Schmerzen mehr.“

Frau Schweitzer bereitete mit Josef alles für die Operation vor. Der Doktor machte einen Schnitt in den Bauch des Kranken und brachte den Darm wieder an den rechten Ort. Dann vernähte er den Bruch und die Wunde.

Als die Operation vorbei war, brachten sie den Kranken in die Schlafbaracke. Doktor Schweitzer saß bei ihm auf der Pritsche und wartete, bis er erwachte. Endlich schlug der Kranke die Augen auf. Erstaunt schaute er um sich. Dann sagte er: „Ich habe ja nicht mehr weh! Ich habe ja nicht mehr weh!“

Seine Hand suchte die Hand des Doktors und drückte sie fest. Die andern Kranken lehnten sich über die Pritschen. Sie freuten sich mit dem Geheilten, daß er keine Schmerzen mehr hatte.

Da fing der Doktor an zu erzählen.

„Der Herr Jesus“, sagte er, „hat zu mir und zur Frau Doktor gesagt: Geht an den Ogowefluß! Geht nach Lambarene, um den Menschen dort zu helfen! Darum sind wir zu euch gekommen. Die weißen Menschen in Europa schicken uns Geld und Medikamente, damit wir hier für die Kranken arbeiten können.“

„Woher wissen denn die Menschen in Europa, daß wir hier so viel Krankheiten und Schmerzen haben?“ fragte einer.

„Die Missionare, die bei euch sind, erzählen es ihnen“, antwortete der Doktor.

Draußen schien die Sonne. Ihre Strahlen fielen durch die Kaffeesträucher in die dunkle Hütte. Vom Fluß unten hörte man Stimmen. Irgendwo krächzte ein Vogel.

Albert Schweitzer dachte: „Hier sind wir alle beieinander. Weiße und Schwarze. So, wie Jesus es einmal gesagt hat: Einer ist euer Meister; ihr aber seid alle Brüder.“

Wer das

Zwölfte Kapitel

liest, weiß alles über die Schlingel Sakku und Kudeku, den treuen Caramba, das Antilöpli und die Wildsau Josephine, die regelmäßig den Gottesdienst besuchte.

„Wir haben genug zu tun mit dem Spital", sagte Albert Schweitzer zu seiner Frau. „Wir wollen außer den Hühnern und dem Hund Caramba keine Haustiere halten."

Doch da schenkte ein Patient dem Doktor zwei Papageien. Der eine hieß Sakku, der andere Kudeku.

„Ich kann das Geschenk nicht gut ablehnen", sagte der Doktor. Seine Frau sagte nichts.

Nachts schliefen Sakku und Kudeku in einer Kiste auf der Veranda des Doktorhäuschens. Sobald die Sonne aufging, machte Sakku einen schrecklichen Lärm. Frau Schweitzer seufzte, stand auf und öffnete die Kiste.

Da schlich Sakku sogleich ums Haus herum. Hinten auf der Veranda schlief Caramba. Er hatte die ganze Nacht Wache gehalten. Jetzt war er müde und wollte seine Ruhe haben. Es war, als ob Sakku das wußte. Vorsichtig pirschte er auf den Hund zu und stürzte sich auf ihn. Mit seinem spitzen Schnabel biß er ihn ins Bein. Caramba sprang auf. Er heulte vor Schreck und Schmerz. Sakku flatterte auf eine Palme. Sein Schreien tönte wie schadenfrohes Lachen. Und schon kam auch Kudeku über die Veranda getrippelt und krächzte sein Lieblingswort: „Schweinehund! Schweinehund!"

„Ihr seid verzogene, freche Schlingel!" schalt der Doktor die Papageien. Aber er konnte ihnen ihre Streiche nicht abgewöhnen. „Es bleibt mir nichts anderes übrig, als den Hund zu warnen", dachte er. So sprang der Doktor jeden Morgen, wenn seine Frau Sakkus Stall öffnete, mit einem Satz aus dem Bett. Schnell rannte er hinters Haus und weckte Caramba. „Der Papagei kommt!" rief er. „Nimm dich in acht, Caramba!"

Manchmal fanden Schwarze mutterlose Antilopen im Urwald. Sie trugen die Tiere ins Spital. Der Doktor brachte es nicht übers Herz, sie fortzujagen. Mit Saugflaschen und Schweizer Büchsenmilch zog er sie groß. Die Zwergantilope „Antilöpli" folgte dem Doktor überall hin. Sie fraß der Frau Schweitzer aus der Hand und lag ihr auf dem Schoß. Von weit her kamen Schwarze und Weiße nach Lambarene, um Antilöpli zu sehen. Noch nie war es gelungen, eine Zwergantilope als Haustier zu halten. Antilöpli hielt sich besonders gern im Arbeitszimmer des Doktors auf. Einmal legte Schweitzer einen Bogen Briefmarken auf den Schreibtisch. Als er sich wegdrehte, sprang Antilöpli mit einem Satz auf den Tisch, und schon hatte es die Marken gefressen.

Eines Tages grunzte es vor dem Haus. Eine schwarze Frau trieb ein junges Wildschwein den Weg hinauf.

„Das Wildschwein heißt Josephine", sagte die Frau. „Josephine wird dir wie ein Hund nachlaufen. Sie kostet nur fünf Franken."

Albert Schweitzer hatte zwar seiner Frau versprochen, kein Tier mehr anzunehmen, ohne sie vorher zu fragen. Aber jetzt war sie für ein paar Tage verreist.

„Da muß ich mich eben selber entscheiden", dachte Schweitzer und kaufte Josephine. Er rammte Pfähle in den Boden und baute einen Käfig. Aber Josephine liebte das Gefangensein nicht. Sie grub ein Loch in die Erde. Am andern Morgen war sie verschwunden.

„Eigentlich bin ich froh, daß das Tier weg ist", sagte sich der Doktor. „Meine Frau hätte sicher keine so große Freude an Josephine gehabt."

Zum Mittagessen kam der Doktor vom Spital zu seinem Haus. Und wer saß unter der Veranda und wartete auf ihn? Josephine! Sie sah den Doktor treuherzig an. „Hier bin ich wieder!" schien sie zu sagen. „Du brauchst mich nicht einzusperren. Ich bleib auch so bei dir."

Josephine lief frei auf der Missionsstation und im Spitalgelände herum. Manchmal blieb sie einen ganzen Tag weg. Aber einmal kam sie längere Zeit nicht heim.

Der Doktor suchte sie.

„Sie ist bestimmt im Kochtopf eines Schwarzen gelandet", sagte der Missionar. „Für die Schwarzen gehören alle Tiere dem, der sie erlegt."

Doch da tauchte Josephine mit einem Male wieder auf. Grunzend trottete sie auf das Spital zu. Hinter ihr ging ein schwarzer Jäger mit einem Gewehr.

„Ich habe das Tier dort oben in einer Waldlichtung gesehen", sagte der Jäger zum Doktor. „Schon wollte ich es erschießen. Da lief es auf mich zu und rieb sich an meinen Beinen. Ich dachte: Das ist kein gewöhnliches Wildschwein und erschoß es nicht. Als es davonlief, folgte ich ihm. Jetzt bin ich da und bringe dir das Schwein zurück. Du kannst froh sein, daß es einem so klugen Jäger wie mir vor das Gewehr gekommen ist. Ein anderer hätte das Tier erschossen."

Albert Schweitzer verstand. Der Mann wollte natürlich eine

Belohnung. Er machte ihm ein Geschenk. Am Abend erzählte er die Begebenheit dem Missionar.

„Morgen ist Sonntag", sagte der Missionar. „Da will ich über das Gebot ‚Du sollst nicht stehlen' predigen. Und bei dieser Gelegenheit kann ich der Gemeinde auch erklären, daß ein zahmes Wildschwein nicht wie ein in Freiheit lebendes Wildschwein geschossen werden darf."

Am andern Morgen läutete die Glocke zum Gottesdienst. Caramba kam angesprungen. Er bellte und wedelte mit dem Schwanz. Er freute sich, daß er mit zur Predigt gehen durfte.

In Lambarene gab es keine Kirche. Der Gottesdienst wurde in der Schulbaracke abgehalten.

Von allen Seiten kamen Weiße und Schwarze. Sie hatten ihre Sonntagskleider an. Bald waren die Holzbänke in der Baracke besetzt. Die Türen standen weit offen, damit frische Luft hereinkommen konnte. Alle sangen andächtig und laut das Eingangslied. Hühner schauten durch die Türen herein und gackerten. Caramba lag unter der Bank und beobachtete alles.

Da begann der Missionar mit der Predigt. Er stand vorne im Raum. Eine Kanzel gab es nicht.

„Ihr kennt alle das Gebot: Du sollst nicht stehlen", sagte er. „Wer ein wildes Tier im Urwald schießt oder Fische im Ogowe fängt, stiehlt nicht. Die wilden Tiere gehören allen. Auch die Vögel unter dem Himmel und die Fische im Fluß gehören allen. Aber wenn einer von euch ein wildes Tier kauft und das wilde Tier wie ein Haustier hält, dann gehört es nicht mehr allen. Es gehört dann nur noch seinem Besitzer. Und wer ein solches Tier schießt, obwohl er weiß, daß es jemandem gehört, der ist ein Dieb."

Alle hörten dem Missionar aufmerksam zu.

Da kam Josephine zur Tür herein. Sie hatte sich im Morast gewälzt und war voll von schwarzem Schlamm.

Schweitzer stupste seine Frau. „Jetzt ist die Josephine auch noch kirchlich geworden", flüsterte er. „Dabei weiß sie sich überhaupt nicht zu benehmen."

Josephine grunzte und zwängte sich zwischen den Bänken durch. Die Kinder zogen die Beine hoch. Die Frauen rückten so gut sie konnten zur Seite. Josephine gefiel es bei den Damen. Sie rieb ihren Rücken an den langen weißen Sonntagsröcken. Da waren sie nicht mehr weiß.

Jetzt kam Josephine zum Doktor. „Du ungezogene Kreatur!" zischte er sie an. „Schämen muß man sich mit dir!" Er gab Josephine einen gewaltigen Fußtritt. Aber der vertrieb sie nicht aus der Predigt. Im Gegenteil: Josephine fand jetzt erst recht Gefallen am Gottesdienst. Von nun an machte sie sich immer, wenn die Glocke läutete, auf den Weg zur Schulbaracke. Auch die täglichen Morgen- und Abendandachten besuchte sie regelmäßig.

„Wenn Josephine die Andacht stört", sagte Albert Schweitzer zum Missionar, „dann wird sie geschlachtet."

„Sie stört fast gar nicht", antwortete der Missionar. „Ich habe sogar das Gefühl, daß sie sich von Mal zu Mal manierlicher benimmt."

Albert Schweitzer freute sich. „Was doch eine gute Erziehung ausmacht!" dachte er.

Als dann ein schwarzer Gehilfe zu ihm sagte: „Josephine wird bald deine Hühner fressen. Alle Wildschweine, die über sechs Monate alt sind, fressen Hühner!", schüttelte der Doktor den Kopf. „Josephine tut so etwas nicht!" sagte er.

Da kam ein paar Wochen später ein Schwarzer zu ihm. „Mir fehlt ein Huhn", sagte er. „Josephine..."

„Ich will nichts davon wissen!" antwortete der Doktor.

„Hier hast du ein Geschenk! Aber erzähl ja niemandem etwas!“

„Mir fehlt ein Huhn“, sagte die Frau des Missionars.

„Ja“, antwortete der Doktor. „Mit den Schlangen hier herum ist es eine üble Sache.“

Der Doktor ging zu Josephine. Das Tier grunzte, warf sich auf den Boden und schaute den Doktor mit seinen kleinen Augen an.

Der Doktor kratzte ihr mit dem Fuß den Rücken. „Nimm dich in acht, Josephine“, sagte er. „Wenn du wirklich Hühner frißt, muß ich dich töten lassen.“

Eines Tages saß Albert Schweitzer an seinem Mikroskop. Er mußte das Blut von Kranken untersuchen. Im Blut befanden sich die Bazillen, die die Schlafkrankheit bewirkten. Aber die Bazillen waren sehr klein. Es war eine anstrengende Arbeit, sie zu finden.

Da gab es draußen Lärm. Menschen schrien. Hühner gackerten. Ein Schwarzer kam in den Untersuchungsraum. Er streckte dem Doktor einen Zettel hin. Frau Schweitzer hatte darauf geschrieben: „Josephine ist zu den Küchlein eingedrungen, hat drei gefressen und der Glucke den Schwanz ausgerissen. Du weißt, was Du zu tun hast!“

Der Doktor wußte es. Schweren Herzens gab er einem Heilgehilfen den Auftrag, Josephine rasch und kunstgerecht zu töten. Der Koch schnitt den Speck in Stücke und räucherte und dörrte ihn. In einer luftdicht verschlossenen Blechbüchse wurde er als Vorrat aufbewahrt.

Wenig später kam ein Weißer zur Untersuchung ins Spital. Der Doktor lud ihn zum Mittagessen ein.

„Sie haben geräucherten Speck?“ sagte der Gast. „Das ist selten hier.“

„Es ist der Speck eines Wildschweins, das hier im Spital gelebt hat“, antwortete der Doktor. „Es hat unsere Hühner gefressen. Darum mußte ich es töten.“

„Ich habe auch einmal ein zahmes Wildschwein gehabt“, sagte der Gast. „Ich habe es mit der Flasche aufgezogen. Dann ist es mir gestohlen worden. Ich hatte ihm den Namen Josephine gegeben.“

„Dann essen Sie jetzt den Speck ihrer Josephine“, sagte Schweitzer. „Die Frau, die Ihnen das Tier gestohlen hat, hat es mir verkauft.“

Das

DREIZEHNTE KAPITEL

ist trauriger als das zwölfte, weil Albert Schweitzer jetzt Abschied nehmen muß von Lambarene. Aber bevor es so weit ist, findet er einen wichtigen Satz, der allem, was Leben hat, viel Leid ersparen kann: Die Ehrfurcht vor dem Leben.

Schnell wurde es dunkel. Albert Schweitzer saß an seinem Tropenkonzert und spielte. Der Wind trug die Töne in die Baracke der Kranken und in die Häuser der Gesunden. Die Melodie, die Johann Sebastian Bach vor Jahrhunderten komponiert hatte, vermischte sich mit den Geräuschen des Urwalds.

Als er eine Zeitlang geübt hatte, setzte sich der Doktor an seinen Schreibtisch. Unter dem Tisch lag die Zwergantilope. Eine Katze strich ihm um die Beine.

Im Schein der Petroleumlampe schrieb Schweitzer an einem Buch. Eigentlich hatte er in Gedanken mit diesem Buch schon begonnen, als er noch jung gewesen war. Wie hatte doch damals der Mann im Park in Paris gesagt: „Die Medizin wird alle Krankheiten besiegen! Die Wissenschaft wird alles erforschen und alle Rätsel erklären! Wir gehen herrlichen Zeiten entgegen!"

Aber Albert Schweitzer hatte das nicht geglaubt. Und er hatte recht gehabt. Die Zeiten waren nicht herrlich geworden, sondern schrecklich. Seit ein paar Monaten war in Europa Krieg. Es war nicht nur ein Krieg zwischen zwei Ländern, sondern ein Weltkrieg. Was die Menschen mit ihrem Wissen und Können geschaffen hatten, zerstörten sie wieder.

Darüber wollte er ein Buch schreiben. Aber nicht nur vom Zerstören sollte darin die Rede sein. „Der Mensch muß seine Kräfte für das Gute einsetzen", dachte Schweitzer. „Aber man muß ihm sagen, was das Gute ist."

Der Katze war es am Boden langweilig geworden. Mit einem Satz sprang sie auf den Tisch.

„Ich muß arbeiten", sagte Schweitzer zu ihr und hob sie auf den Boden. Aber die Katze nahm einen Anlauf und war schon wieder oben.

„Das ist mein Tisch!" sagte der Doktor streng und warf sie hinunter. Aber das Tier gab nicht nach: ein Sprung — und da war sie wieder.

„Ich habe einen harten Kopf", sagte der Doktor zur Katze. „Aber du hast einen noch härteren. Der Gescheitere gibt nach!"

Die Katze legte sich auf den Tisch und schnurrte. Schweitzer kraulte ihr mit der linken Hand im Fell. Mit der rechten schrieb er.

Da flatterte ein Falter um das Licht der Petroleumlampe.

„Du verbrennst dich!" sagte der Doktor zum Falter. Er fing ihn ein, machte schnell das Gitterfenster auf und warf ihn hinaus.

Endlich stand er auf. Er goß Wasser in eine Schale und wusch sich. Kaum lag er im Bett, schlief er schon ein.

Plötzlich fuhr er auf. Er hörte die Hühner im Stall scharren und eigentümlich glucksen.

„Die Wanderameisen!" ging es ihm durch den Kopf. Er sprang aus dem Bett. Er eilte zum Stall und machte die Tür auf. Da stürzten die Hühner heraus und flatterten auf die Bäume. Der Stall war voller Ameisen.

Der Doktor hatte die kleinen Tiere schon einige Male beobachtet. In der Nähe des Hauses gab es eine Ameisenstraße. Auf ihren großen Wanderungen marschierten die Tiere in Kolonnen weite Strecken. Immer waren es fünf oder sechs Ameisen nebeneinander in einer Kolonne. Die einzelnen Kolonnen befanden sich fünf Meter auseinander, manchmal auch mehr. Wenn die Ameisen merkten, daß es in der Nähe etwas zum Fressen gab, schwärmten sie aus. Jetzt hatten sie gerade die Hühner überfallen. Hätte der Doktor die Tiere nicht befreit, dann wären von ihnen nach kurzer Zeit nur noch Knochen und Federn übrig geblieben.

Frau Schweitzer war ebenfalls aufgestanden. Sie nahm das Horn von der Wand. Sie blies dreimal hinein. Alle im Spital wußten, was das bedeutete. Alle Gesunden und alle Kranken, die gehen konnten, eilten mit Eimern zum Ogowe. Sie holten Wasser. Der Doktor tat ein Mittel ins Wasser, mit dem er sonst die Wunden von Bakterien frei machte. Die Helfer schütteten den Inhalt der Eimer über die Ameisen.

Jetzt griffen die Tiere den Doktor an. Sie bissen sich mit ihren kräftigen Kiefern in der Haut fest. Schweitzer mußte jede einzelne Ameise herausreißen. Der Doktor zählte sie. „Es sind fast fünfzig", sagte er.

Endlich zogen die übrigen Insekten weiter. Überall lagen tote Ameisen herum.

Albert Schweitzer konnte lange nicht wieder einschlafen.

„So ist das im Urwald — und auch sonst in der Welt", dachte er. „Das Große lebt vom Kleinen, das Starke vom Schwachen. Der Reiher holt sich im Fluß Fische und frißt sie. Der Leopard jagt den Affen. Menschen töten Tiere, damit sie Fleisch zu essen haben. Aber auch wer nur Gemüse ißt, tötet. Denn die Pflanzen leben ja auch. Wahrscheinlich spüren sie, wie wir Menschen, so etwas wie Freude und

Schmerz. Andererseits aber töten die kleinsten Lebewesen die großen. Die Wanderameisen überfallen Hühner. Unscheinbare Pflanzen würgen gewaltige Baumriesen ab. Kleine Fliegen stechen starke Menschen. Winzige Bazillen dringen ins Blut, und der Mensch wird krank. Und ich: Töte ich nicht mit meinen Medikamenten Millionen von Bazillen, damit die Menschen wieder gesund werden? Töten und getötet werden: Das ist das Gesetz der Natur, und niemand kann es ändern."

Der Doktor starrte in die Dunkelheit. Draußen rauschten die Palmen. Aus dem Urwald tönten unheimliche Schreie. Auf der Veranda knurrte der Hund Caramba.

Schweitzer dachte an seine Kindheit. Er sah den Hund Phylax vor sich und wie er ihn mit einer Gerte geschlagen hatte. Er sah das hinkende Pferd vor sich und die beiden Männer, die auf es einhieben und ins Schlachthaus zerrten.

„Neben dem Leiden in der Natur, das wir nicht ändern können", dachte der Doktor, „gibt es unendlich viel Leiden und Schmerzen, die durch menschliche Gedankenlosigkeit geschehen. Wir Menschen denken viel zu wenig daran, daß Tiere, Pflanzen und Mitmenschen genau so Angst haben und genau so Schmerzen fühlen wie wir selber. Eine Mücke, die ins Wasser gefallen ist, kämpft um ihr Leben wie ich, wenn ich ins Wasser falle. Bäume, Blumen, Unkraut, Katzen, Schlangen, Hunde und alle Menschen, weiße und schwarze, sind als Lebewesen Brüder und Schwestern. Wenn sich das alle Menschen immer wieder sagen würden, wenn sie darüber nachdenken würden, dann gäbe es bestimmt weniger Leid und Krieg auf der Welt. Ich möchte das in einem einzigen Satz ausdrücken können, damit jedes Kind und jeder Erwachsene es begreift."

Endlich überfiel den Doktor der Schlaf.

Einige Zeit später fuhr er mit dem Heckraddampfer auf dem Ogowe. Und gerade als das Schiff an den Inseln, die im Fluß waren, vorbeifuhr, kam ihm der Gedanke: „Ehrfurcht vor dem Leben! Das ist der gesuchte Satz! Der Mensch muß Ehrfurcht vor dem Leben haben! Vor seinem eigenen Leben. Aber auch vor allem Leben, das ihn umgibt. Der Mensch muß sich sagen: Ich bin Leben, das leben will inmitten von Leben, das auch leben will. Und dieses Leben erhalten und schützen ist gut. Aber Leben zerstören ist böse. Natürlich muß der Mensch Pflanzen und Tiere töten, damit er leben kann. Aber er darf nie gedankenlos töten! Gedankenlos eine Blume oder einen Grashalm ausreißen, ist Sünde. Wenn der Mensch aber töten muß, dann soll er es schnell und schmerzlos tun. Das ist Ehrfurcht vor dem Leben!"

Albert Schweitzer war glücklich, daß sein Denken zu einem Ziel gekommen war. „Jetzt kann ich mein Buch fertig schreiben", dachte er.

Aber er kam nicht mehr dazu. Im Spital bekamen sie den Krieg zu spüren. Von Europa kam kein Geld mehr. Der Doktor konnte Josef den Lohn nicht weiter bezahlen. So suchte Josef eine andere Arbeit, und Schweitzer mußte die Arbeit seines Heilgehilfen zum größten Teil selber machen.

Auch das Essen wurde immer knapper.

Als der Doktor eines Morgens zu den Kranken kam, begleitete ihn ein schwarzer Wachtsoldat. Der Soldat trug ein Gewehr.

„Frau Doktor und ich müssen euch leider verlassen", sagte Albert Schweitzer zu den Kranken.

Sie starrten ihn ungläubig an. „Warum willst du weggehen?" fragte einer.

„Weil ich jetzt euer Feind bin", antwortete der Doktor.

„Der Doktor macht sich über uns lustig", sagte der Schwarze.

„Ich mach mich nicht über euch lustig", sagte Schweitzer und hielt ein Blatt Papier in die Höhe. „In diesem Brief hier steht es. Der Postbote hat ihn gebracht."

„Lies vor!"

Schweitzer las: „Herr Doktor Schweitzer und seine Frau sind mit dem nächsten Schiff in ein Gefangenenlager nach Europa zu bringen."

„Aber du bist doch immer unser Freund gewesen!" rief der Schwarze. „Warum solltest du jetzt auf einmal unser Feind sein?"

„Ich bin im Elsaß aufgewachsen", antwortete der Doktor. „Das Elsaß hat zu Deutschland gehört. Lambarene aber und das ganze Gebiet hier gehören zu Frankreich. Und weil Deutschland und Frankreich gegeneinander im Krieg stehen, gelte ich als euer Feind. Darum muß dieser Soldat meine Frau und mich auf ein Schiff bringen, und wir müssen in ein Gefangenenlager nach Europa."

Alle waren traurig. Der Doktor und seine Frau packten alle Medikamente und Instrumente in Blechkisten und löteten sie zu. „So verdirbt nichts", sagte Albert Schweitzer. „Wenn wir wieder nach Lambarene zurückkommen, können wir alles wieder verwenden."

Albert Schweitzer wußte, daß er nur das Nötigste in die Gefangenschaft mitnehmen durfte. „Wenn ich die Notizen für mein Buch mitnehme", dachte er, „dann werden sie mir die Aufseher bestimmt wegnehmen."

So ließ er die Blätter zurück. Nur die Hauptgedanken schrieb er noch schnell vor der Abreise auf:

„Ich bin Leben, das leben will, inmitten von Leben, das auch leben will. Für den denkenden Menschen ist gut: Leben erhalten, Leben fördern. Für den denkenden Menschen ist böse: Leben vernichten, Leben schädigen. Ehrfurcht vor dem Leben!"

Endlich waren das Spital und das Doktorhäuschen ausgeräumt. Der Doktor und seine Frau nahmen Abschied von den Menschen und den Tieren.

Wie man Orgel auf einem gewöhnlichen Tisch spielen kann; von Albert Schweitzers Gefangenschaft und seinem Wiederaufbau des Spitals; von seinen Ehrungen und noch von manch anderem hören wir im

Letzten Kapitel

„Was machen Sie da eigentlich?“ fragte ein Wächter im Lager den Doktor.

Albert Schweitzer saß vor einem Tisch. Er bewegte seine Hände auf der Tischplatte hin und her, drückte mit den Fingern darauf und trat mit den Füßen auf den Boden.

„Ich übe ein Orgelstück von Johann Sebastian Bach“, antwortete der Doktor.

„Sie haben ja gar keine Orgel!“ sagte der Wächter.

„Eben weil ich keine habe, stelle ich mir vor, daß der Tisch eine Orgel ist“, sagte Schweitzer. „Ich stelle mir weiter vor, daß meine Finger auf die Tasten und meine Füße auf die Pedale drücken.“

Der Wächter starrte den Doktor an.

„Aber es hat doch keinen Sinn, Orgel zu spielen, wenn man nichts hört!“

„Ich höre die Musik in mir“, sagte der Doktor.

Der Wächter zuckte die Achseln. „Das verstehe ich nicht. Warum machen Sie das überhaupt?“

„Meine Tante Sophie hat mir befohlen, jeden Tag zu üben.

Du weißt nicht, hat sie gesagt, wozu dir die Musik einmal im Leben gut sein wird."

Der Wächter schüttelte den Kopf und ging weg. „Ein sonderbarer Kauz, dieser Schweitzer", dachte er. „Aber wenigstens ist er hilfsbereit. Wenn einer krank ist, pflegt er ihn."

Albert Schweitzer und seine Frau lebten seit dem Herbst in einem Gefangenenlager in den Pyrenäen. Im Winter wurde es kalt. Die Gefangenen froren. Schlechtes Essen und mangelnde Sauberkeit in den Häusern, in denen die Menschen leben mußten, schwächten die Gesundheit. Auch der Doktor und seine Frau wurden krank. Ein paar Monate später transportierte man sie in ein anderes Lager in der Provence. Hier war es wärmer. Aber die beiden wurden nicht gesund.

Endlich, nach einem dreiviertel Jahr, sagte der Aufseher über das Lager zu ihnen und andern Gefangenen: „Ihr werdet ausgetauscht gegen Franzosen, die in deutscher Gefangenschaft sind. Aber ihr könnt nicht gleich in eure Heimat zurückkehren. Der Austausch wird in der Schweiz gemacht, weil dort kein Krieg ist."

Ein ganzer Zug Menschen mit Koffern, Schachteln und Bündeln bewegte sich zum Bahnhof. Die Lokomotive und die Wagen warteten nicht am Bahnsteig, sondern draußen, wo die Güterschuppen standen. Die Gefangenen schleppten sich über die Geleise und den Schotter. Schweitzers hatten viel Gepäck. Sie waren schwach von der Krankheit. Sie hatten Mühe, den andern nachzukommen.

Da wartete ein anderer Gefangener auf sie. Er war behindert. „Sie haben mir im Lager geholfen, als ich krank gewesen bin", sagte er zum Doktor. „Jetzt helfe ich Ihnen!"

Er nahm den beiden das Gepäck ab. Trotz seiner Behinderung schleppte er es bis ins Abteil des Zuges.

Der Doktor war dankbar. „Wenn ich je wieder auf einem Bahnhof einen Menschen Gepäck schleppen sehe“, dachte er, „dann will ich ihm auch tragen helfen.“

Ein paar Tage später waren sie im Elsaß. Frau Schweitzer ging zuerst zu ihren Eltern nach Straßburg. Den Doktor aber zog es nach Günsbach. „In den Bergen meiner Heimat werde ich bald wieder gesund!“ sagte er zu seiner Frau.

Von Colmar fuhren keine Züge ins Münstertal. Da mußte er zu Fuß gehen. Das Fieber schüttelte ihn. Von den Bergen dröhnten die Kanonen. An vielen Stellen, wo früher Wald gewesen war, waren die Bergrücken kahl. Überall hatte der Krieg seine Spuren hinterlassen. Endlich sah er von weitem den Kranzrain. Dann tauchte der Kirchturm auf. Dann das Dorf. Aber es sah nicht mehr so aus wie früher. Manche Häuser waren zerschossen.

Pfarrer Schweitzer umarmte seinen Sohn. Die Mutter war nicht mehr da. Militärpferde hatten sie auf der Straße überrannt. An diesem Unfall war sie gestorben.

„Ich muß das Pfarrhaus mit Offizieren und Soldaten teilen“, sagte Pfarrer Schweitzer. „Aber für dich ist noch ein Bett frei.“

Albert Schweitzer hatte die Ruhe nötig. Die Krankheit wurde von Tag zu Tag schlimmer. Die Bergluft brachte keine Besserung. Als Helen Schweitzer nach Günsbach kam, sagte er zu ihr: „Wir müssen nach Straßburg gehen. Ins Spital. Ich muß mich operieren lassen.“

„Es fährt kein Zug nach Colmar“, sagte Helen Schweitzer.

„Dann gehen wir zu Fuß. Ich muß so schnell wie möglich operiert werden.“

Der schwerkranke Doktor schleppte sich sechs Kilometer weit talabwärts. Seine Frau stützte ihn. Sie war selber geschwächt und erwartete ein Kind. Endlich überholte sie ein Fuhrwerk, und sie durften aufsitzen.

In Straßburg wurde Schweitzer operiert. Alles ging gut. Aber noch mußte er im Bett bleiben und sich schonen.

„Jetzt bin ich wieder da, wo ich vor sechs Jahren angefangen habe", sagte er zu seiner Frau. „Im Spital von Straßburg. Nur: Vor sechs Jahren bin ich hier Arzt gewesen. Jetzt bin ich Patient. Vor sechs Jahren habe ich so viel Geld gehabt, daß ich es wagen konnte in Afrika ein Spital zu gründen. Jetzt ist alles Geld aufgebraucht. Ja noch mehr: Wir haben Schulden. Und bald wird uns ein Kind geschenkt werden."

„Fang wieder von vorne an!" sagte Helen Schweitzer. Vielleicht bekommst du deine Stelle als Vikar oder eine Stelle als Arzt."

Albert Schweitzer bekam beides. Jeden Sonntag predigte er wieder wie früher in der Sankt-Nicolai-Kirche in Straßburg. Daneben war er Arzt im Spital Straßburg. An beiden Stellen war er nur aushilfsweise angestellt. So, wie es junge Ärzte und junge Pfarrer sind. Albert Schweitzer war jedoch schon fünfundvierzig Jahre alt.

Am 14. Januar, am genau gleichen Tag, an dem er geboren worden war, kam seine Tochter Rhena zur Welt. Albert Schweitzer freute sich, daß seiner Frau und ihm ein Kind geschenkt worden war. Paßte das nicht wunderbar zu seinem Neuanfang?

Auch das Predigen und das Pflegen im Spital machten ihm Freude. Daneben schrieb er Bücher. In einem erzählte er von seinem Spital in Lambarene. Er gab dem Buch den Titel „Zwischen Wasser und Urwald". Viele Menschen lasen es. Bald bat man Schweitzer, an Konzerten mitzuwirken und Vorträge zu halten. Er reiste nach Spanien und in die Schweiz. Der Schwedische Bischof Söderblom lud ihn ein, an der Universität Uppsala vor den Studenten über die „Ehrfurcht vor dem Leben" zu reden. Dann gings nach England. Dann nach Dänemark. Dann in die Tschechoslowakei. Alle wollten Albert Schweitzer Orgel spielen hören. Alle wollten nach diesem schrecklichen Krieg seine Botschaft von der Ehrfurcht vor dem Leben vernehmen.

Albert Schweitzer konnte seine Schulden zurückzahlen. Ja noch mehr: Er konnte wieder Geld sparen. Er gewann viele neue Freunde, die für ihn sammelten.

„Für mein Spital in Lambarene", sagte er.

Sieben Jahre waren seit der Heimkehr aus Afrika vergangen. Da packte Albert Schweitzer wieder Kisten. Jetzt hatte er mehr Helfer und Helferinnen als das erste Mal; auch solche, die ihn nach Afrika begleiten wollten. Aber seine Frau mußte in Europa bleiben. Sie war zu schwach für die weite Reise und die Hitze am Äquator. Zusammen mit ihrer Tochter blieb sie im Schwarzwald, wo Schweitzer ein Haus gebaut hatte. Beide Eheleute nahmen ein großes Opfer auf sich, damit das Spital im Urwald weitergeführt werden konnte.

Am Ostersamstag kam Albert Schweitzer wieder in Lambarene an. Wie im Traum ging er durch sein Spital. Aber es sah nicht mehr so aus wie vor sieben Jahren. Gras und Gestrüpp hatten die Baracken überwachsen. Die kleinen Bäume, die er gepflanzt hatte, waren groß geworden und streckten ihre Äste weit aus. Aber einige Gebäude konnten wieder instandgesetzt werden. Bald kamen auch die ersten Kranken.

Das Spital wuchs und wuchs. Ärzte und Krankenschwestern, Helferinnen und Helfer kamen aus Europa und andern Teilen der Welt zu ihm, um dort zu helfen. Die Amerikaner nannten

Albert Schweitzer „Mister Wellblech“, weil er viele Spitalbaracken aus Wellblech baute, oder den „Dreizehnten Jünger Jesu“, weil er sagte, Jesus habe ihn nach Afrika gerufen.

Bald war das Spital zu klein für die vielen Patienten. Albert Schweitzer entschloß sich, nicht weit vom ersten Spital entfernt Wald zu roden und ein neues Spital aufzubauen. Mit der Zeit entstanden besondere Spitalteile für Mütter, die ein Kind erwarteten, für Kranke mit ansteckenden Krankheiten und für geistig Kranke.

Manchmal fuhr Albert Schweitzer für einige Zeit nach Europa, um Vorträge zu halten, um bei seiner Familie zu sein und um Freunde zu besuchen. Damit er auch in Günsbach ein Heim hatte, baute er dort ein Haus.

Als Schweitzer neunundsiebzig Jahre alt war, erhielt er den Friedensnobelpreis. Das ist die höchste Auszeichnung, die ein Mensch bekommen kann. Aus der ganzen Welt trafen Telegramme in Lambarene ein:

„Schreiben Sie einen Artikel für unsere Zeitung!“

„Darf unser Reporter mit Ihnen ein Gespräch führen?“

„Kommen Sie zu uns eine Rede halten?“

Albert Schweitzer war gerade daran, einen neuen Spitalteil für Aussatzkranke zu bauen.

„Ich habe keine Zeit für Reisen und Reden“, sagte der Doktor. „Ich muß bauen.“

Sein Hund — er hieß Tschütschü — bellte.

„Benimm dich!“ fuhr ihn der Doktor an. „Du bist jetzt ein Nobel-Hund!“

Noch als Neunzigjähriger sagte Albert Schweitzer: „Wir haben jetzt hier in Lambarene zweiundachtzig Gebäude, und wir bauen immer noch neue. Es muß aber sein, denn es kommen immer mehr Kranke zu uns.“

Albert Schweitzer starb in Lambarene. Er war über neunzig Jahre alt geworden. Er wurde auf dem Friedhof des Spitals zur letzten Ruhe gebettet. Auf dem Holzkreuz über seinem Grab steht:

„Hier ruht Dr. Albert Schweitzer, geboren am 14.1.1875, gestorben am 4.9.1965."

Er selber hatte zwar zu Lebzeiten noch an eine andere Grabinschrift gedacht. „Wenn mich einmal meine Kannibalenfreunde aus dem Innern Afrikas verspeisen sollten", hatte er gesagt, „dann werden sie bestimmt auf meinen Grabstein schreiben:

„Wir haben ihn gegessen,
den Doktor Albert Schweitzer.
Er war gut bis zu seinem Ende!"

In der Kinderbuchreihe „Wolkenfenster" sind bisher erschienen:

Mechtild Theiss

Felix und Beate

80 Seiten mit 6 Illustrationen von Dorothea Lange. Ab 7
Auf der Empfehlungsliste des Kath. Kinderbuchpreises 1981.

Felix ist viel allein. Deshalb spielt er am liebsten mit Beate und ihrem kleinen Bruder Martin. Aber Martin ist sehr krank und stirbt nach einer Operation.

Nortrud und Dieter Boge-Erli

Wenn's regnet, weint der liebe Gott

96 Seiten mit 6 Illustrationen von Alexandra Hellwagner. Ab 8

Daniel Baiermann hat etwas angestellt. Niemand weiß davon. Nun regnet es. Daniel überlegt: Weint Gott, wenn es regnet?

Gudrun Pausewang

Steckenbein und Steckenbeinchen

112 Seiten mit 6 Illustrationen von Monika Laimgruber. Ab 8

Eigentlich wollten die drei von der Tigerbande „die Steckenbein" einmal richtig ärgern. Da kam ihnen das Plakat mit dem Hungerkind gerade recht.

Kurt Wölfflin

Ein Tausender für Charlie

96 Seiten mit 6 Illustrationen von Arnhild Johne. Ab 10

Seit die Mutter fortgegangen ist und Charlie mit seinem Vater alleine haust, nehmen die Schwierigkeiten in der Schule zu.

Max Bolliger

Jesus

80 Seiten mit 6 Illustrationen von Ralph Glafey. Ab 10

Viele Kinder haben schon von Jesus gehört. Aber wenige haben selber ein Buch über ihn gelesen und über sein aufregendes und schweres Leben nachgedacht.

Monika und Michael Höhn

Jana sucht den Frieden

96 Seiten mit 6 Illustrationen von Bernhard Oberdieck. Ab 8

Wir begleiten die neunjährige Jana durch die Alltäglichkeiten und kleinen Höhepunkte eines Jahres.

Peter Alma

Wenn Helli auf der Flöte spielt

112 Seiten mit 6 Illustrationen von Elisabeth Zink-Pingel. Ab 8

Helli muß auf seiner abenteuerlichen Wanderung in das unterirdische Reich tödliche Gefahren bestehen.

Frank Jehle

Das kleine Legendenbuch

80 Seiten mit 10 Illustrationen von Hermann Spaan. Ab 10

Es wird von heiligen Menschen erzählt, die durch ihr Leben vorbildhaft gezeigt haben, was es heißt, Christ zu sein.

Eric de Saussure

Professor Rhododendron und sein Geheimnis

96 Seiten mit 9 Illustrationen vom Autor. Ab 9

Der Sieg des Guten über das Böse und die Idee eines ewigen Friedensreiches ist das Thema dieses utopischen Gleichnisses.

Werner Laubi

Albert Schweitzer, der Urwalddoktor

112 Seiten mit 6 Illustrationen von Volker Theinhardt. Ab 10

Eine Biographie über Albert Schweitzer, die die Entwicklung vom eigenwilligen Jungen hin zum weltbekannten Urwaldarzt in Lambarene plastisch schildert. Eine „Aussteigergeschichte“ anderer Art.